# Eat Greet Live

**EINE EAT WRITE LIVE PRODUKTION**

# Unser Vorwort

**EIN ERKLÄRUNGSVERSUCH, WARUM ALLER GUTEN REGIONEN DREI SIND**

Wer ein Buch über Gebiete schreibt, die auf den ersten Blick überhaupt nichts miteinander zu tun haben, der hat eindeutig Erklärungsbedarf.

Aus allen Orten dieser Welt haben wir just drei herausgefischt – Friaul und Südtirol aus Italien und die von uns selbst erfundene Region Westslowenien, die es so eigentlich gar nicht gibt, aber die wir auf Seite 226 genau abstecken und auch auf der Karte verewigt haben. Wir finden, dass diese Plätze perfekt harmonieren. Wieso – weil sie alle Sehnsuchtsorte sind. Weil unser Herz höherschlägt, wenn wir an sie denken. Weil sie voller Genuss sind. Voller lieber Menschen. Voller Wärme. Weil sie alle drei irgendwann einmal mehr oder weniger zum ehemaligen Habsburgerreich gehörten, Südtirol sowieso und der Rest wurde damals mit dem klingenden Namen als österreichisches Küstenland zusammengefasst. Dann wäre da noch die Sprachenvielfalt, die überall herrscht – Italienisch, Slowenisch, Ladinisch, Deutsch, Friulanisch, da kann man mit weit mehr als nur Händen und Füßen kommunizieren. Dann sind es die Grenzen, die hier zu verschwimmen scheinen. Die zwischen Südtirol und Österreich und die, die sich zwischen Italien und Slowenien zieht – irgendwie werden sie beim Bereisen obsolet, weil sie sich sogar mitten durch Städte wie Görz schlängeln, also eigentlich nicht mehr vorhanden sind. Ein Katzensprung von einem Land ins andere.

Was sie alle eint, sind strahlende Gesichter, die innovativen Ideen, die schier unendliche Menge an Ausflugstipps und zahlreiche Aktivitäten, die wir versucht haben, in einem Buch zu vereinen.

Wir kennen sowohl das Friaul als auch Südtirol und Slowenien teilweise aus unserer Kindheit. Da waren wir mit unseren jeweiligen Familien unterwegs und hängengeblieben ist so einiges, das uns bis heute begeistert. So wie ein Knödel-Tris, die Bergspitzen rund um Tarvis oder der ganz besondere Geruch der Adria.

Kommt mit – blättert, lest – ja – gustiert euch durch «Eat Greet Live», viel Freude,

*Katharina & Vera*

# Inhalt

| | |
|---|---|
| 8 | Das kleine ABC |

**SÜDTIROL**

| | |
|---|---|
| 20 | Von Weltruhm: Die 3 Zinnen |
| 24 | Hotel Clara bei Bruneck |
| 28 | Sprachenmix |
| 30 | Setz' den Dolomiten die Krone auf: Kronplatz |
| 34 | Wo die Tal-Fäden zusammenlaufen: Bruneck |
| 36 | Das Leben ist pur |
| 40 | Typisch Südtirol |
| 42 | Aus altem Hof mach' neues B&B: Niedermairhof |
| 46 | Good Cop, Bad Cop: Autofahren |
| 48 | Hinein ins wunderbare Ahrntal |
| 50 | Ein erwachsener Bergbauernhof: Moserhof |
| 54 | Rezept: Kartoffelbuchtel auf Rohnen-Ragout |
| 56 | Hallo, Brixen! |
| 62 | Brotzeit is': Profanter |
| 66 | On the road again |
| 70 | Am Adolf-Munkel-Weg |
| 74 | Die gemütliche Landeshauptstadt: Bozen |
| 80 | Alpen- und Almen-Know-How |
| 82 | Agatha Christie auf der Spur: Karerseewanderung |
| 86 | Karersee |
| 88 | Driving through the Grapevine |
| 92 | Wunderwerk der Entspannung: Hotel Schwarzschmied |
| 96 | Ein Pixner, ein Projekt und viele gute Töne |
| 100 | Einmal fifty-fifty gemacht: Meran |
| 106 | Alles gut, Ottmangut. Suite & Breakfast since 1850 |
| 110 | Unvergleichlich: Hotel Miramonti |
| 114 | Bis ummi in die Schweiz: Vinschgau |
| 118 | Hofkäserei Englhorn |
| 120 | Fun Facts Südtirol |

**FRIAUL**

| | |
|---|---|
| 126 | Italienisch für Anfänger |
| 128 | Rund um Tarvis |
| 132 | V wie Venzone |
| 134 | Erhebend und Erbebend: Gemona |
| 136 | In meinen Friaul-Koffer packe ich … |
| 138 | Das One-Day-Wonder: Udine |
| 144 | Typisches aus dem Friaul |
| 148 | Prosciutto di San Daniele |
| 150 | Am Hügel von San Daniele |
| 152 | Wenn ich groß bin, werd' ich Mosaikleger: Spilimbergo |
| 156 | Zu Gast bei Dario Martina: Da Afro |
| 158 | Rezept: Ricetta delle Frittelle |
| 160 | Bitte zu Tisch! |
| 164 | Wenn der Teufel Brücken baut: Cividale del Friuli |
| 166 | Castelmonte |
| 168 | Des Kaisers einstiger Kirschgarten: Der Collio |
| 172 | Ein guter Mix: Cormòns |
| 176 | Viel Wein, viel mehr Freunde: Enoteca Cormòns |
| 180 | Agriturismo |
| 182 | Lass' uns ausgehen! |
| 184 | Good Cop, Bad Cop: Essen & Trinken |
| 186 | Alle Wege führen zu Zamò |
| 192 | Tuttogas am Sandstrand: Lignano |
| 194 | Die Sonneninsel: Grado |
| 200 | Der Rilkeweg |
| 204 | Miramare |
| 206 | Oh hi, Beach Hotel: Tre Merli |
| 208 | Triest |
| 216 | Eataly |
| 218 | Silvester in Triest |
| 220 | Der Südzipfel: Muggia |
| 222 | Fun Facts Friaul |

## WESTSLOWENIEN

| | |
|---|---|
| 228 | Der Grund |
| 230 | Slowenisch für Anfänger |
| 232 | Nix blöd, sondern Bled! |
| 236 | Garden Village in Bled |
| 238 | Sommer-Endorphine seit 2004: Triglav Adventures |
| 242 | Der Triglav Nationalpark |
| 244 | Das Soča-Tal |
| 246 | Kobarid |
| 250 | Rezept: Hiša Frankos Roastbeef |
| 252 | Wege ohne Grenzen |
| 256 | Bierige Begegnung: Hiša Polonka |
| 260 | Ein Bett im Strohhaus: Ecohouse Furlan |
| 262 | Auseinand' und wieder z'samm: Nova Gorica |
| 268 | Good Cop, Bad Cop: Kaffee |
| 270 | Das bunte Leben: Brda |
| 274 | Echt «kras» – dieser Karst |
| 276 | Tipičen! Tipičen! |
| 278 | Unter der Oberfläche: Grotten und Höhlen |
| 280 | Schön. Steil. Štanjel. |
| 286 | Karst-Juwel: St. Daniel Hotel |
| 290 | Weiße Pferde: Lipica |
| 292 | Freundesbucheintrag vom slowenischen Wirbelwind |
| 294 | Kulinarischer Karst |
| 296 | Läuft wie geschmiert: Lisjak Olivenöl |
| 298 | Ans Meer fahren: Piran |
| 302 | Geschichtliches |
| | |
| 306 | Lesetipps |
| 308 | Impressum |
| 310 | Making-Of |

# Das kleine ABC

**EINE EINSTIMMUNG AUF SÜDTIROL, FRIAUL UND WESTSLOWENIEN**

Wir haben drei Regionen einfach so zusammengestöpselt. Und sie können sich nicht einmal wehren. Für immer sind sie in diesem Buch verbunden. Wie gut sie zusammenpassen, beweisen sie gleich einmal in diesem ABC, das ein bisschen Kulinarik, ein bisschen Wissen und auch ganz viele Stimmungsmacher für euch beinhaltet.

## A wie Alto Adige

So heißt Südtirol für die Italiener. Zu erkennen ist das unter anderem an jeder Trafik, wo neben der «Dolomiti» Zeitung, das italienische Pendant «Alto Adige» steht. Der Name kommt von «Adige» – so heißt der Fluss Etsch auf Italienisch. Der erste, der die Region so benannt hat, war übrigens Napoleon – er taufte Südtirol schon in den Jahren 1810 bis 1813 «Département Haut-Adige».

## B wie Bella Vita

In Italien ist das Leben schön – vor allem, wenn man das Land bereisen darf. Wir empfehlen dazu wärmstens unsere Musikauswahl auf Spotify. Diese unterstreicht umso mehr das Lebensgefühl, das mit einem Cappuccino und einem Croissant («cornetto») startet und mit einem guten Wein als Betthupferl abends endet.

## C wie Craft Beer

Slowenien ist klein, aber trotzdem ein großer Star auf der Bierbildfläche. Wenn man dort ist, sollte man sich unbedingt über «Union» & «Lasko» hinausbewegen und einer der kleineren Brauereien eine Chance geben, die in Slowenien eine regelrechte Bierrenaissance gestartet haben: Warum nicht «Bevog», «Reservoir Dogs», «Mali Grad» oder «Pelican» kosten?

## D wie Dolomiten

Die steinernen Schönheiten, die auch als Dolomiten bekannt sind, sind eigentlich eine Gebirgskette der südlichen Kalkalpen und zusätzlich noch mit dem Prädikat «UNESCO Weltnaturerbe» versehen. Ihre höchste Erhebung ist die Marmolata mit 3.342 Metern. Weitere Gipfelstars sind die Drei Zinnen, die Sella, der Rosengarten, der Schlern, die Geisler Spitzen oder der Langkofel. Einfach wanderbar!

### E wie Eis

Was wäre ein Urlaub in Italien ohne Eis. Nichts! Gar nichts! Drum sollte das «gelato» täglich fix am Plan stehen! Besonders erfrischend haben wir während der Recherchen *Zitronensorbetto* gefunden. Aber da hat ja jeder seine eigenen Präferenzen.

### F wie Ferragosto

Jeden 15. August kehrt er wieder – der Tag, an dem kein Mensch (der halbwegs bei Trost ist) extra nach Italien fährt. Dieser Tag ist der wichtigste kirchliche Feiertag und somit hat (gefühlt) jeder Italiener frei und fährt auf Urlaub. Das Ergebnis: überfüllte Strände, volle Wanderwege und Staus. Also lieber eine Woche davor oder danach Urlaub nehmen.

### G wie Grad

Ein bisschen Sprachgeschichte steckt in diesem Wörtchen – es kommt nämlich aus dem Altkirchenslawischen und steht für Burg oder Stadt beziehungsweise alles, was in irgendeiner Form eingefriedet war. Das Schild mit «stari grad» deutet zum Beispiel in Richtung Altstadt. Jaja – so ist das!

### H wie Habsburger

Diese Habsburger! Überall waren sie. Eine der Klammern, die wir über die drei Gebiete, die in diesem Büchlein beschrieben werden, legen können. Die Habsburger waren da wie dort als Herrscher eingesetzt.

### I wie Isonzo

Da heißt er Isonzo, dort heißt er Soča. Insgesamt ist dieser Fluss stolze 140 Kilometer lang und hat je nach Sonneneinstrahlung und Schmelzwasserspeisung mal türkise, mal braune Farbtöne anzubieten. Traurige Berühmtheit hat er erlangt, als Italien im Ersten Weltkrieg seine Offensiven gegen Österreich-Ungarn startete – insgesamt zwölf Isonzoschlachten forderten Hunderttausende Tote. Heute ist der Fluss für seine Schönheit und die guten Stellen zum Kajaken und Raften bekannt.

### J wie Jugoslawien

Dieser Begriff, der auf Deutsch so viel wie «Südslawien» heißt, bezeichnete von 1918 bis 2003 einen Staat in Europa. Zwischen 1945 und 1992 umschloss er die heutigen Länder Slowenien, Kroatien, Bosnien & Herzegowina, Serbien, Montenegro und Mazedonien. Zunächst war es bis zum Zweiten Weltkrieg das Königreich Jugoslawien, dem folgte ab 1945 die Föderative Volksrepublik Jugoslawien, die Zeit des Josip Broz Tito. Nach ihm wurde der jugoslawische Kommunismus benannt, der «Titoismus».

### K wie Küstenlande

Als Österreichische Küstenlande wurden die habsburgischen Besitzungen an der Oberen Adria bezeichnet. Im 19. Jahrhundert war es sogar ein eigenes Kronland. Es erstreckte sich über die Markgrafschaft Istrien, die Gefürstete Grafschaft Görz und Gradisca und die reichsunmittelbare Stadt Triest.

### L wie Lauben

Lauben gehören zu Südtirol wie das Schüttelbrot. Schon seit dem Mittelalter stellen sie das Zentrum der Stadt Bozen dar. Die Regel ist immer dieselbe: Im Erdgeschoß befinden sich die Laubengänge, wo Markt gehalten wurde, dahinter wurden die Waren in den Gewölben gelagert. Die einzelnen Stockwerke boten Platz für Wohnungen und wurden rund um den Innenhof angelegt.

### M wie Mittelmeer

Zwischen Afrika, Asien und Europa schwimmt das Mittelmeer. Die Obere Adria ist ein Teil davon und diese schwemmt sich ziemlich sexy an Triest, Koper, Lignano, Grado und Portorož heran.

## N wie Norditalien

Grenzen verschwimmen lassen. Im Fall von unserem Friaul-Kapitel bewegen wir uns im Gebiet östlich vom Tagliamento – nur Spilimbergo ist noch mit reingerutscht. Aber das hat einfach lieb gefragt. No! Nur aufgrund von Größe und Limits in Sachen Buchseiten ist dieser Teil vom Friaul so gewählt – für den Anfang sollte das aber eh einmal reichen – glauben wir.

## O wie Ortler

Der höchste Berg im Buch, der steht im Westen Südtirols. Er ist ungefähr 3.900 Meter groß gewachsen und vergletschert. Platz 2 geht an den Triglav in Slowenien. Sportliche 2.864 Meter ragt er in den Nationalpark-Himmel und ziert auch Wappen sowie die slowenische 50-Cent-Münze.

## P wie Prosciutto

Die drei auserkorenen Gebiete, die sich in diesem Buch so gekonnt miteinander treffen, haben eins gemeinsam: Eine Vorliebe für luftgetrockneten Schinken der besonderen Art. Die Liebhaber treffen sich an Orten wie San Daniele, auf der Südtiroler Berghütte oder im slowenischen Karst. Merke: Dort heißt das Gustostück dann aber Pršut.

## Q wie querfeldein

Einer der schönsten Weitwanderwege Europas verläuft an der Staatsgrenze zwischen Österreich und Italien und hört auf den Namen «Karnischer Höhenweg» (oder «Friedensweg»). Er ist rund 150 Kilometer lang und in 8 bis 11 Tagen erwanderbar. Warum er eigentlich ins Buch kommt? Naja, weil auch Friaul-Julisch Venetien mit von der Partie ist!

### R wie Road-Trip

Für die Reisen in diesem Buch kann man sich (nicht nur) als Österreicher im guten, alten Automobil auf den Weg machen. Dann sieht man beim Reisen nämlich so schöne Pässe wie zum Beispiel das Sellajoch in Südtirol oder den Wurzenpass zwischen Kärnten und Slowenien. Und sowieso ist dann im Kofferraum genug Platz für die vielen guten Mitbringel.

### S wie sportlich

Sportlich ist man dort wie da. In allen drei Regionen erfreuen die Berge die herbeistürmenden Wanderer, Mountainbiker und Kletterer gleichermaßen. Im Winter zieht man sich dann halt um und ist Skifahrer oder Langläufer (oder Snowboarder – das ist hier nicht so genau). Ein bisschen Meeresgetümmel mit allem Drum und Dran, das geht in Slowenien und im Friaul.

### T wie Törggelen

Gerade die Touristen können von diesem kollektiven Jausnen gar nicht genug bekommen. Der Begriff stammt von der traditionellen, hölzernen Traubenpresse namens «Torggl» ab und bezeichnet den Brauch, im Spätherbst den neuen Wein zu kosten. Heutzutage wird geschlemmt: Kastanien gesellen sich zu Speck, Knödel, Wurst und Sauerkraut und sind nichts für sensible Mägen.

### U wie Piazza Unità

Auch Piazza Grande genannt, handelt es sich hier um den Hauptplatz von Triest. Wer schon dort gewesen ist, weiß warum. Groß und weit, Kaffeegeruch in der Nase, das Meer davor. Aperitivo und italienisches Lebensgefühl gepaart mit etwas Nostalgie sind auf diesem Platz vorprogrammiert.

### V wie vielseitig

Wenn sich unterschiedliche Bausteine treffen, dann wird's vielversprechend. Berg und Tal. Historisches und Modernes. Meer und Karstlandschaft; Wind und Sonnenschein. Alpin und mediterran zugleich; eine Welt, in der sich Genuss und Aktivität nicht ausschließen. Mal rot, mal weiß – der Wein. Ja, das Leben kann so vielseitig sein.

### W wie Wein

In diesem Buch wird mit Ideen zum Wein übrigens nicht gegeizt. Man konnte es schon annehmen. Überall gedeihen die begehrten Trauben; angefangen von der slowenischen Brda hinüber ins italienische Collio mit seiner Ribolla gialla. In Südtirol sind Tramin und Kaltern gern besuchte Orte zum Verkosten und Seele baumeln lassen.

### X wie x-fach

Die Regionen in diesem Buch lassen es zu, x-fach besucht zu werden. Das Meer. Die Dolomiten. Versteckte Orte und atemberaubende Landschaften. Wie immer stellen wir nicht den Anspruch auf Vollständigkeit, denn diese kann es bei jener unglaublichen Vielfalt gar nicht geben. Jeder findet sein eigenes Alpe-Adria-Erlebnis – dieses Buch hilft gern beim Kennenlernen.

### Y wie Yeti

Nicht zu verwechseln mit dem Ötzi, den man in Bozen besuchen gehen kann. Dieser Mann aus dem Eis wurde 1991 in den Ötztaler Alpen gefunden und es konnte festgestellt werden, dass er wohl in der Zeit zwischen 3359 und 3105 vor Christus gelebt haben muss. Mehr zum Ötzi erfährt man im Südtiroler Archäologiemuseum – eben in Bozen.

### Z wie Zoll

Dieser gehört der Vergangenheit an. Alle drei Regionen in diesem Buch sind Teil der Europäischen Zollunion und der EU an sich. Daher gilt «Freier Personenverkehr» und Mitbringsel in Form von Speck und Wein sind erlaubt. Dann haben nämlich alle was vom Urlauben.

# Südtirol

SÜDTIROL HÄLT EINEN SPAGAT. ZWISCHEN GESCHICHTE UND GEGENWART, STADT UND LAND, BERG UND TAL, ITALIENISCH UND DEUTSCH, ARME-LEUTE-ESSEN UND HAUTE CUISINE, GLETSCHER UND PALMEN, KNÖDEL UND SPAGHETTI. ALLES EINGEBETTET IN EIN BERGBILD, DIE DOLOMITEN, EINES DER SCHÖNSTEN ENSEMBLES, DIE ES GIBT. NAH AM HIMMEL GEBAUT UND IN STEIN GEGOSSENES GLÜCK. DARÜBER WEHT DER WIND DER NACHHALTIGKEIT, DES BEWUSSTEN LEBENS, DER UNEINGESCHRÄNKTEN SYMPATHIE. WILLKOMMEN – BENVENUTO!

EAT GREET LIVE

← Schweiz

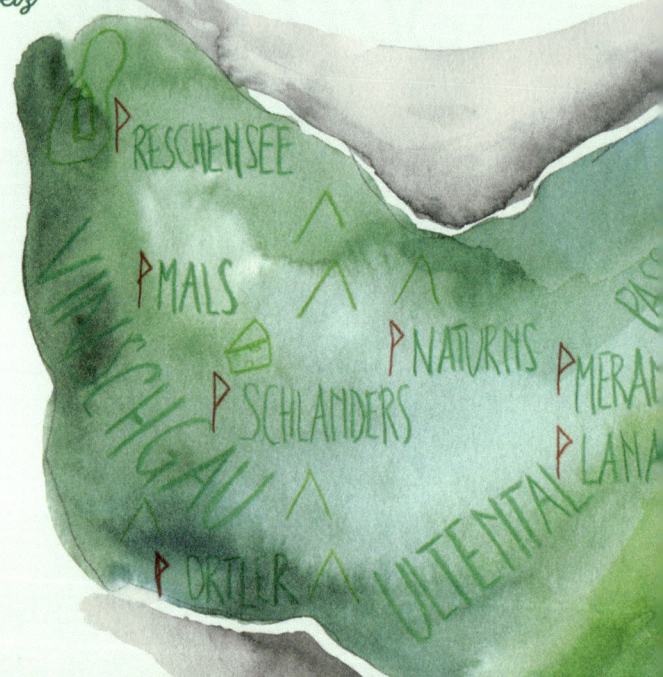

# SÜDTIROL

# VON WELTRUHM

Das kann man wirklich behaupten – diese DREI ZINNEN kennt jeder. Das Stellvertreterbild für die Dolomiten hat man schon gesehen. Drei Berge, drei Zinnen, die aus dem Boden in graublasser Schönheit herausragen und dabei unglaublich anziehend wirken.

Die Italiener lieben ihre «Tre Cime di Lavaredo». So herrscht im August rund um die Drei Zinnen auch regelmäßig Stau neben dem Bergidyll. Aber es ist auch keinem zu verdenken, denn selbst den ärgsten Berg-Anfängern ist hier ein Dolomiten-Nah-Erlebnis gegönnt. Die Auronzohütte ist über eine Mautstraße gut erreichbar, die Drei-Zinnen-Seilbahn fährt hinauf, gerne schaut man von der gleichnamigen Hütte zu den Nordwänden hin und selbst von unten hat man von Landro im Höhlensteintal (bei Toblach) diesen berühmten Drei-Zinnen-Blick.

### DA WILL ICH HIN

Wer sich nicht damit begnügt, die Nordwände nur anzuschauen, der ist wahrscheinlich Kletterer. Das Gebiet ist sehr beliebt – fast wie ein Zentrum des alpinen Sich-aufs-Seil-Verlassens. Die Erstbesteigungen der Zinnen fanden ab 1869 statt, heute gibt es einige weltbekannte Routen in den Wänden zu finden. So ist die Große Zinne für ihre 500 Meter hohe, senkrechte und auch überhängende Nordwand bekannt und der Direttissima-Kletterstil bei Kennern ein Begriff.

### ORTSKUNDIG

Das Wahrzeichen der Dolomiten ist umschlossen von Orten, die man auch schon gehört hat: Cortina d'Ampezzo, Toblach und Innichen heißen sie und sind natürlich nicht weniger beliebt. In der Fußgängerzone von Innichen schlendert man so vor sich hin, kommt aus dem Leute-Schauen nicht heraus und hat alles richtig gemacht, wenn man das «Kunstraum Café Mitterhofer» gefunden hat. Dort kann das Leute-Schauen weitergehen und wird noch dazu von Kaffeehaus-Köstlichkeiten begleitet. Aber die wirklichen und echten Stars in diesem Gebiet sind schon die Drei Zinnen, das ist klar. Der Rest ist ein bisschen Nebenschauspiel.

### TIPPS

**WANDERTIPP**
Vom Fischleinboden
zur Dreizinnenhütte

—

Der «Drei-Zinnen-Lauf»
*dreizinnenlauf.com*

—

Das Geschäft «Doham» in
Innichen mit vielen schönen
Sachen fürs Daheim
*doham.it*

—

Der Pustertaler Radweg von
Mühlbach nach Lienz in Osttirol
*drei-zinnen.info*

# Drei-Zinnen-Wissen

**ZUM ANGEBEN**

1

Wir befinden uns hier im Hochpustertal.

2

*Die Drei Zinnen sind UNESCO-Weltnaturerbe.*

3

**ZUM NATURPARK DREI ZINNEN GEHÖREN DIE GEMEINDEN INNICHEN, SEXTEN UND TOBLACH.**

4

*Die höchste Erhebung der Gruppe ist die 2.999 Meter hohe Große Zinne.*

5

**DIE DREI ZINNEN HAT MAN IMMER SCHON GERN BESUCHT. ZU ZEITEN DER HABSBURGERMONARCHIE KAMEN DIE ADELIGEN AUF SOMMERFRISCHE. NACH DEM ERSTEN WELTKRIEG STARTETE DER BERGTOURISMUS.**

6

Paul Grohmann, Franz Innerkofler und Peter Salcher waren die Erstbesteiger der Großen Zinne. Das war im Jahr 1869.

7

**EIN ECHTER KLASSIKER UNTER DEN KLETTERROUTEN IST DIE «DIRETTISSIMA» AN DER GROSSEN ZINNE (AUCH HASSEBRANDLER) GENANNT. SCHWIERIGKEITSSTUFE 8+. ALSO KEIN LAPPERL.**

# Vom Profisportler zum Hotelier

**EIN GLÜCKLICHER ZUFALL NAMENS LAST-MINUTE HAT UNS ZU DIESEM HOTEL BEI BRUNECK GEFÜHRT. ALS WIR DIE VIELEN SPORTLICHEN TRIKOTS IM KELLER SAHEN, WAR KLAR, DASS HIER JEMAND WAS ZU ERZÄHLEN HAT.**

Kronplatz. Reischach. Bruneck.
Und mittendrin ein HOTEL GARNI.
Dieses wird mit ganz viel Liebe
von der Familie Clara geführt. Fürs
Frühstück erntet Melanie Obst im
hauseigenen Garten, der Speck
kommt vom Metzger aus Bruneck
und die Eier von den Hühnern der
Tante. Die Säfte sind hausgemacht
und der Kuchen sowieso. Das Credo:
*«Wir fahren selbst gern auf Urlaub und
wollen es hier bei uns so haben, wie
es uns auch gefallen würde.»*

MIT VIEL LIEBE ZUM DETAIL PASST IM HOTEL CLARA ALLES ZUSAMMEN.

### Wie ist die Aufgabenverteilung in der Familie Clara?

Meine Frau ist unter anderem für das Ästhetische zuständig. Sie ändert zum Beispiel alle drei bis vier Tage die Dekoration. Ich kümmere mich um die Zahlen. Wir mögen den persönlichen Kontakt zu den Gästen und kennen diese auch beim Namen. Das Schöne ist, dass das Hotel eine Größe hat, in der man als Familie alles unter einen Hut bringt.

### Wie würdet ihr eure Gäste beschreiben?

Das Publikum ist wirklich sehr verschieden. Das liegt daran, dass das Angebot hier und in der Umgebung so wahnsinnig groß ist. Im Sommer gibt es Downhill-Strecken, man kann paragleiten, wandern und mehr. Im Winter ist der Kronplatz sehr schneesicher. Manche kommen zum Langlaufen in Rein in Taufers, wieder andere genießen, dass wir nur 150 Meter vom «Cron4» entfernt sind. Diese Wellnessanlage ist ganzjährig geöffnet und es gibt Schwimmbecken, Rutschen und eine riesige Saunalandschaft.

### Roland, du warst 15 Jahre lang Profisportler. Wie gelingt da der Sprung zum Hotelinhaber?

Das gelingt, indem man merkt, dass man viel zu viel weg ist von der Familie. Als meine Kinder gefragt haben: «Warum sind andere Papas immer zuhause?», war von einem Tag auf den anderen alles anders und ich habe mich aus dem Spitzensport zurückgezogen. Das war die richtige Entscheidung – ich habe mit dem Langlaufen aufgehört, als es am schönsten war.

### Also bist du zufrieden?

Ja, ich möchte nicht mehr zurück. Es ist besser, eine Sache richtig zu machen als zwei Sachen halb.

### Wie kann man sich bei so viel Angebot am besten orientieren?

Wir helfen immer gerne bei der Planung. Wenn jemand möchte, bieten wir auch an, den ganzen Urlaub zu organisieren.

Das geht bis hin zu den Tischreservierungen im Restaurant. Wieder andere bevorzugen, alles selbst zu machen und nutzen das Selbstversorgerangebot (die Wohnungen) bei uns. Da gibt es einfach ganz unterschiedliche Zugänge.

*Hat der Sport noch Platz in deinem Leben?*

Ja. Erstens bleibt durch die richtige Einteilung genug Zeit zum Aktivsein. Außerdem kann ich meine Erfahrungen ganz gut in die Beratung der Gäste einfließen lassen. Durchs Training habe ich nämlich wirklich viel gesehen und kenne die Fahrradwege, Loipen und Berge selbst. Und ich finde, man kann nur etwas weiterempfehlen, wenn man selbst dort gewesen ist.

*Wann seid ihr zufrieden?*

Wenn die Gäste den Urlaub vom ersten Tag an genießen konnten.

**CLARA**
**(GARNI, RESIDENCE, B&B)**

Familie Clara
In der Sandgrube 42
39031 Reischach
0039 0474 411 028
*garniclara.com*

**TIPPS**
**VON ROLAND**

Die Plätzwiese mit Strudelkopf (familienfreundliche Wanderung)

—

Der Pragser Wildsee

—

Die Reinbach-Wasserfälle bei Sand in Taufers

—

Das Essen auf den Almhütten

# SPRACHENMIX

**EINE BEWEGTE GESCHICHTE, HOHE BERGE UND TIEFE TÄLER – DAS IST ANSCHEINEND DER MIX AUS DEM DAS SÜDTIROLER SPRACHENGEBILDE GEMACHT IST. WIE EINE GROSSE PATCHWORK-FAMILIE LEBEN, LIEBEN UND LACHEN DIE VERSCHIEDENEN SÜDTIROLER SPRACHGRUPPEN AUF ENGEM RAUM MITEINANDER. MIT ALLEN VOR- UND NACHTEILEN.**

## GRÜSS GOTT

*Deutsch mit Südtiroler Dialekt*

Die meisten Südtiroler, also 72 Prozent nennen Deutsch ihre Muttersprache. Was auf dem Blatt Papier Deutsch ist, kann aber schnell auch ganz unverständlich klingen, denn der Südtiroler-Dialekt hat viele Eigenheiten, an die man sich jedoch in Windeseile gewöhnt und in die man sich noch schneller verliebt. Dabei ging es der deutschen Sprache in Südtirol zwischenzeitlich nicht so gut. Denn sie wurde verboten, da das Gebiet «italianisiert» wurde. Deutsche Bücher mussten teilweise im Heuhaufen versteckt werden, da es sonst Strafen regnete – im Ahrntal gab es sogar eine geheime «Katakombenschule» für die deutschsprachigen Kinder.

## Buongiorno

*Italienisch*

Und dann kamen die Italiener. Genauer gesagt in der Zeit zwischen 1920 und 1940, als der Faschismus das Land fest im Griff hatte. Mussolini wollte den italienischen Charakter in jede Ecke bringen und startete ein Immigrationsprogramm für das «Land im Gepirg», wie es früher bezeichnet wurde. In Bozen sind nun 75 Prozent der Einwohner Italiener und in Meran sind es 50 Prozent. Sie brachten jedoch nicht nur ihre Sprache mit, sondern auch gutes Essen. Somit tanzen auf den Speisekarten Pasta und Knödel Seite an Seite. Noch ein interessanter Fakt: Die Italiener wohnen in Südtirol zu 98 Prozent in den Städten.

## Bon di

*Ladinisch*

Die «Murmeltiere» unter den Südtirolern sind eindeutig die Ladiner. Durch die Abschottung bewahrten sie sich ihre Sprache in den Tälern von Badia (Gardertal) und Gherdëina (Grödner Tal). Diese 18.000 Menschen sind die südtirolischen Urtypen, wenn man so will, denn Ladinisch (das auch Räto-Romanisch genannt wird) hat seine Wurzeln im Jahr 15 vor Christus.

# SETZ' DEN DOLOMITEN DIE KRONE AUF

**DER KRONPLATZ ALS HAUSBERG VON BRUNECK HAT ZWEI GESICHTER: EIN WEISSES, SPUREN DURCHZOGENES (STICHWORT: SKIFAHREN!) UND EIN GRÜNES, AUF DEM DIE DOWNHILLER IHRE HELLE FREUDE HABEN. SCHÖN SIND SIE BEIDE. AUF IHRE ART. TROTZDEM REDEN WIR HIER NUR MAL ÜBER DEN SOMMER.**

Wie man raufkommt, ist einem selbst überlassen. Manche lassen sich mit der Gondel auf 2.275 Meter hinauf ziehen, andere nehmen die Beine in die Hand und kommen dann einen Deut verschwitzter oben bei der großen Friedensglocke Concordia an. Kurze Sidestory: Die hat Erich Kastlunger aus St. Vigil anlässlich der Jahrhundertwende errichten lassen. Und sie steht – wie der Name schon sagt – für den Frieden. Vom Kronplatz sieht man über mehrere Grenzen Italiens hinweg, jene zu Österreich und jene zum Rest von Italien. Mit der lebendigen Geschichte, welche diese Orte verbindet, ist ein Friedenssymbol äußerst angebracht.

## MMM

Drei «M»s, die so gar nichts mit den in Schoko gegossenen Süßigkeiten, sondern eher mit Alpinismus und dem (geheimen) Nationalheiligen Südtirols namens Reinhold Messner zu tun haben. Das «Messner Mountain Museum» hat am Kronplatz etwas über das Thema Klettern und Berge zu sagen. Und das im wohl schönsten Rahmen, den man sich vorstellen kann: Er wird geformt von den Dolomiten, denn das von Star-Architektin Zaha Hadid in den Berg gebaute Gebäude bezieht die ganzen Gipfel der Umgebung mit ein. So spielen die Lienzer Dolomiten ebenso eine Rolle, wie der Ortler, die Marmolata oder das Zillertal. Drinnen erfährt man etwas über die 250-jährige Liaison zwischen Mensch und Berg. *messner-mountain-museum.it*

## HOLTERDIPOLTER DOWNHILL

### Herrensteig
*1.300 Höhenmeter, 8 Kilometer Abfahrt nach Reischach.*

—

### Furcia
*500 Höhenmeter, 4,7 Kilometer Abfahrt zum Furkelpass.*

—

### Piz de Plaies
*385 Höhenmeter, 3,8 Kilometer Abfahrt nach St. Vigil im Enneberg.*

—

### Gassl
*1.110 Höhenmeter, 8,6 Kilometer*

*Die Spitze des Berges ist nur ein Umkehrpunkt.*

REINHOLD MESSNER

# WO DIE TAL-FÄDEN ZUSAMMENLAUFEN

DAS HERZ DES PUSTERTALS IST AUCH GLEICHZEITIG DER NABEL. DORT KOMMT DAS TAUFERER AHRNTAL HEREIN UND DIE AHR FLIESST IN DIE RIENZ. DARAUS ERGIBT SICH EIN SO FRUCHTBARER BODEN, DASS EINE DER LEBENSWERTESTEN KLEINSTÄDTE ITALIENS DARAUF GEWACHSEN IST.

Eingebettet in Almen und Täler zeigt sich etwas Urbanität im heimeligen Pustertal – Bruneck mit seinen Concept-Stores, den netten Lokalen und den vielen Gelegenheiten, der Stadt untreu zu werden und mit dem feinmaschigen Netz aus Wanderwegen fremdzugehen. Um einen ersten Eindruck zu bekommen, spaziert man am besten die Stadtgasse mit ihren spätmittelalterlichen und barocken Häuserfronten entlang und dann den Schlosshügel hinauf zum MMM (Messner Mountain Museum) Ripa, das im Schloss Bruneck seine Heimat gefunden hat. Dort dreht sich alles um die Bergvölker in aller Welt. Somit verspricht ein Besuch in dem Museum gleichzeitig eine große Reise. Und einen Pizza-Automaten haben wir in Bruneck auch entdeckt. Wir wissen aber leider noch immer nicht, wie wir diesen interpretieren sollen.

### COOL UND KULINARIK

Die Brunecker lieben ihre Stadt und tun alles, um sie aufzumotzen. Das sieht man schon an der Kreativität, die in den einzelnen Geschäften und Bars steckt. Einen Besuch ist zum Beispiel der Concept-Store «Variatio» (Oberragen 12, *variatio.it*) wert. Wer sich mit Getöpfertem eindecken möchte, schaut beim «Malfertheiner» (Giuseppe-Verdi-Straße 2) vorbei, dort wird nämlich noch Hand an die Töpferscheibe angelegt. Für Essbares ist man entweder im «Pur» (bitte einmal umblättern) oder bei «Typisch Toni» (Standl am Graben) vorne dabei. Zum Versumpern empfehlen wir entweder das «Capuzina» am Fluss (Kapuzinerplatz 1, *capuzina.com*) oder die «Enotheque Bernardi» (Stuckstraße 6, *bernardi-karl.it*), in der man auch hervorragend kocht. Mehr gegessen wird im «Hardimitzn» (Seilbahnstraße 7), einem Steakhouse, das ein bisschen Hüttenflair verbreitet oder im «Ristorante Maneggio Reiterstube» (Im Gelände 1).

### MAL KURZ RAUS!

Kurze Ausflüge machen das Leben beim Städtetrip süß. Auf der Dessert-Karte der klitzekleinen Ziele finden wir zwei Allstars. Einerseits den «Liebesbaum vom Amaten», von diesem Platz aus kann man am besten den Sonnenuntergang beobachten. Der Ahornbaum wurde von Amaten v. Eduard Wolfgruber anlässlich seiner Hochzeit gepflanzt und ist mittlerweile Treffpunkt für alle Verliebten und die, die es noch werden wollen. Minder romantisch sind die «Erdpyramiden in Percha» – überdimensionierte Termitenhügel, die allerdings nichts mit den kleinen Kriechern zu tun haben, sondern durch ein Unwetter und einen darauffolgenden Erdrutsch entstanden sind. Spannend!

# Das Leben ist pur

**HAST DU GENUG VON LEBENSMITTELN, DIE MEHR REISEERFAHRUNG MITBRINGEN ALS DU SELBST? DANN BIST DU GANZ EINER MEINUNG MIT ULLI WALLNÖFER UND GÜNTHER HÖLZL. DIE BEIDEN SÜDTIROLER SIND DIE GRÜNDUNGSVÄTER DER «PUR» GENUSSMÄRKTE, IN DENEN EIN IMMER WIEDERKEHRENDES FEST FÜR SÜDTIROLER PRODUKTE GEFEIERT WIRD.**

*Hallo, Ulli!
Erzähst du uns ein bisschen von
der Entstehungsgeschichte der
«pur» Genussmärkte?*

Gern. Uns als Genussmenschen hat es sehr leid getan, dass frische Produkte oft einfach nicht mehr verfügbar waren. Und ist klar geworden, dass es einen Ort braucht, wo man auch die Spezialitäten aus den Hochtälern Südtirols kaufen kann. Außerdem haben wir uns gefragt, wie man das kulinarische Erbe Südtirols erhalten und weiterentwickeln kann. So kam dann die Idee für «pur Südtirol».

*Aus der Idee wurde Ernst und
Ernst ist heute 8 Jahre alt?*

Ja, den ersten Markt haben wir 2010 in Meran eröffnet. Heute gibt es vier Standorte.

*Eure Philosophie könnte man als
«total regional» beschreiben?*

Ja, oder vielleicht so: Der gemeinsame Nenner der Produkte in den Genussmärkten ist, dass sie «Made in Südtirol» und – wenn möglich – Bio sind. Es ist spannend, was bei uns hier alles wächst und gedeiht. Wir haben mehrere Klimazonen, weil Südtirol reicht ja von 220 Höhenmetern bis zum Ortler hinauf – das heißt, einerseits gibt es stark mediterran geprägte Gebiete und dann wieder solche, die richtig alpin sind. Ein Vorteil daraus: Die Vegetationszeiten sind sehr lang und so haben wir zum Beispiel von Mai bis Anfang Oktober Erdbeeren. Oder so gibt es die Marille Anfang Juni in Bozen und Ende August im Vinschgau.

*Wie kann man sich den
Einkauf bei euch vorstellen?*

Wir wollten das Konzept eines 360°-Markts umsetzen. Das heißt, wir gehen auf die Urform des Handelns zurück und man kann bei uns neben dem Kaufen auch verkosten, lernen, erfahren und essen. Außerdem finden wir die Bedienung an einer Frische-Theke total wichtig.

*Ulli und sein Team*

### *Unterscheiden sich die Märkte voneinander oder habt ihr euch da auf ein Konzept geeinigt?*

Nein, auch die Märkte selbst sind total unterschiedlich. Alle Rohstoffe sind regional und stimmen sich mit dem Ort ab. So haben wir hier in Bruneck den Pustertaler Sandstein verarbeitet, in Bozen hängen kosmopolitische Messinglampen und in Meran zum Beispiel sieht man viel von der Kastanie. Auch das Produktangebot im Frischebereich variiert: Ein 20-Kilometer-Radius ist da der Richtwert für die Anreise der Frischeprodukte.

### *Wie habt ihr beide euch eigentlich gefunden?*

Unsere Frauen haben uns zusammengeführt. Die beiden sind beste Freundinnen und wie das so ist bei befreundeten Paaren, haben wir uns bei Treffen über die Bedürfnisse der Menschen und über die Entwicklung der Welt ausgetauscht. Nach dem vielen Philosophieren haben wir beschlossen, dass wir vom Reden auch ins Tun kommen müssen und so hatten wir 2009 das Konzept fürs «pur» fertig.

### *Und wie habt ihr dann eure Produzenten gefunden?*

Anfangs haben uns die Leute groß angeschaut und man hat uns gefragt: «Was wollt ihr genau machen?». Wir hatten sieben bis acht Termine am Tag und kosteten uns durch ganz Südtirol durch. Nach fünf Monaten hatten wir über 1.000 neue Produkte gesourct. Heute erscheint mir das fast unmöglich.

### *Magst du uns ein paar eurer Produkte beschreiben, damit man sich das «pur» besser vorstellen kann?*

Also wir bieten in den Kategorien Lebensmittel und Kosmetik Produkte an. Außerdem gibt es die «pur Manufactur», wo altes Handwerk und junges Design ihren Platz finden. Es gibt Brot, Obst, Kräuter und Tee, Teigwaren, Fruchtaufstriche, und und und. Wir arbeiten gerade am ersten Südtiroler Apfelsekt und einer speziellen Salami aus 100 Prozent Südtiroler Schwein.

*Bei all diesen Köstlichkeiten... Wie ist das eigentlich mit dem Verkosten?*

Haha. Ihr bekommt jetzt gleich einmal eine Platte mit Speck vom Parmaschwein, mit Bio-Speck und auch konventionellem Speck sowie Almkäse aus Vals – zum Probieren und Vergleichen. Unsere Kunden und Besucher sollten wissen, dass sie bei uns auch Vergleichsverkostungen machen können und dass es in den pur-Märkten natürlich auch Gastronomie gibt. So gibt es in Lana und Bruneck zum Beispiel neben den Speck-Käse-Platten auch warme Speisen, in Bozen eine große Salatbar im Bistro und in Meran das Bistro samt Weinbar. Und es gibt regelmäßige Verkostungen, bei denen man die Produzenten Südtirols live erleben kann.

*Verschickt ihr eure Produkte auch?*

Nach Deutschland und Österreich einmal ganz bestimmt. Und für die Schweiz gibt es den Partner-Shop «Pur Alps». Alles $CO_2$-neutral.

**GENUSSMARKT BRUNECK**

Herzog-Sigmund-Straße 4/a
39031 Bruneck
0039 0474 050 500

*pursuedtirol.com*
*puralps.ch*

**TIPPS VON ULLI**

Die Freistil Winzer
*freistil.bio*

—

Und natürlich (weil verbandelt):
Das Meraner Weinhaus
*meranerweinhaus.com*

# TYPISCH SÜDTIROL

**SÜDTIROL HAT NATÜRLICH MEHR ZU BIETEN ALS «APPLES AND COWS» (ZITAT AUS DEM VON UNS VERGÖTTERTEN «FRANZ MAGAZIN»). DOCH EIN PAAR FAVORITEN MUSS MAN SCHON AUFZÄHLEN. UND DAS TUN WIR NUR ZU GERN.**

### SCHÜTTELBROT

Das Brot entstand auf den Bauernhöfen und wurde zu voller Härte gebacken, damit es auch möglichst lange hält. Gut zu Speck und Käse. Und auch zum Wandern.

### VINSCHGERL

Ein Roggen-Weizen-Sauerteig-Brot in praktischer Form, das mit Koriander, Fenchel und Kümmel gewürzt wird. «Vinschgerl» sagen allerdings nur die Nicht-Südtiroler.

### SCHLUTZKRAPFEN

Fast wie Ravioli, aber doch nicht – gemacht sind sie aus Roggen & Weizenmehl, mit einer Füllung aus Rindfleisch und Kartoffeln. Unbedingt probieren, aber Achtung – unter die Low-Carb-Rezepte würden es diese Schlawiner nicht schaffen.

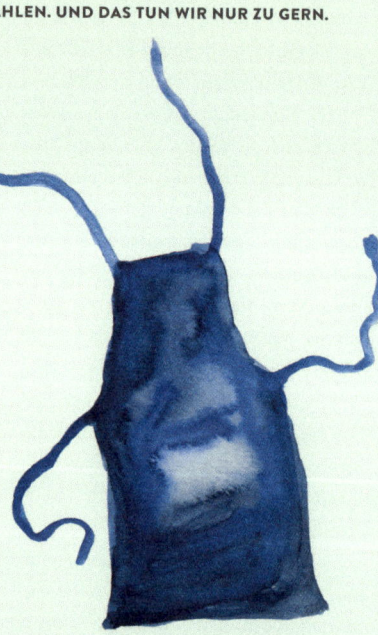

### FIRTIG

Schon gesehen? In Südtirol sind die Schürzen blau. Handwerker, Bauern, alle tragen und trugen sie und mittlerweile gibt es auch Kleider und anderes Gewand, das aus diesem Stoff geschneidert wird. Hier kann man sich ganz modern bei Qollezione (Portici 35, Bozen, *qollezione.com*) etwas aussuchen.

### WATTEN

Ein Kartenspiel, das eigentlich schon als Volkssport durchgeht, ist das «Watten». Das kommt von «battere», was so viel wie «schlagen» bedeutet. Da kommen die Leut' zusammen und matchen sich. «Gelebte Volkskultur» sagen wir und wollen beim nächsten Mal unbedingt mitspielen.

### TÖRGGELEN

Nach der Weinpresse (die «Torggl» heißt) muss gefeiert werden. Das war früher so und hält noch immer an. Mit den Best Buddies wird gemeinsam gegessen und getrunken. Und zwar Speck, Maronen und dazu gibt's den «Susa» oder «Nuie», den neuen Wein.

### SPECK

Ein bisschen ist die Speckkultur verfallen. Früher hat jeder Bauernhof selbst geräuchert und getrocknet, heute kauft man sich den Speck eher im Supermarkt oder eben beim geheimen Bauern des Vertrauens. (Der von den Südtirolern jeweils wie ein Staatsgeheimnis gewahrt wird!) Er passt perfekt zur «marende» (der Jause / Brotzeit).

### LAGREIN*

Eine Rotweinsorte, die man in Südtirol nicht verpassen darf, ist der Lagrein. Er wird hauptsächlich im Bozner Stadtteil Gries angebaut. Er ist rubinrot, riecht (angeblich) nach Veilchen und hat vollen Geschmack (sagt man).

### VERNATSCH*

Ein leichter Wein mit rubinroter Farbe und – wie wir finden – gewöhnungsbedürftigem Namen. Er kommt aus Bozen oder von den Meraner Hügeln und schmeckt mild und fruchtig.

### GEWÜRZTRAMINER*

Goldgelbe Farbe, reicher Körper. Das ist ein Weißwein zum Gernhaben. Rosen und Nelken und Litschis schmeckt der Fachmann hier heraus. Wir sagen, dass er gut zu Fisch – oder einfach nur als Aperitif – schmeckt.

*Wir sagen auch: Probieren geht über Studieren.*

# Aus altem Hof mach' neues B&B

WER SICH IN DER FREMDE GUT AUFGEHOBEN FÜHLEN MAG,
DER IST ANGEKOMMEN. IM NIEDERMAIRHOF VOR DEN TOREN BRUNECKS.
MIT BLICK ÜBER DIE STADT, DAS TAL UND AUF DIE BERGE.

Auch bei mir war es so. Ich fand den Niedermairhof, läutete an, lernte Kathrin kennen und vergaß die Zeit. Komplett. Das Handy ließ ich sofort auf dem großzügigen hölzernen Frühstückstisch liegen, gleich neben den «Tirtlan», einer typischen Speise aus dem Pustertal, die wahlweise mit Kraut oder Topfen und Spinat gefüllt ist. Zufällig trafen diese fünf Minuten nach mir im ehemaligen Gasthaus ein. Es war wie Schicksal.

### ALTES HAUS, NEUES GESICHT

Viele in Bruneck kennen den Niedermairhof noch als einen Ort, wo Bälle stattfinden und wo man zum Kuchenessen hingeht. Das ist aber schon längst nicht mehr so. Selbst Kathrin hat ihr Heimathaus nie mehr so erlebt: «Als ich hier aufgewachsen bin, hatte mein Vater eine Landwirtschaft und das Haus war eine Jugendherberge für Selbstversorger.» Als die altehrwürdigen Gemäuer dann plötzlich ihre vier Wände waren, musste sie in sich gehen und sich überlegen, was denn nun damit passieren solle. «Eines war klar: So konnten wir es nicht lassen. Die Betten waren durchgelegen, es gab Etagenduschen und das Dach war auch undicht», sagt sie heute. Gemeinsam mit ihrem Mann Helmuth und dem findigen Architekten Andreas Vallazza tüftelten sie an einer Idee und deren Umsetzung. Es sollten schöne, schlichte Zimmer werden, die mit den Elementen des Hauses spielerisch, aber gefinkelt umgehen. Im Dachboden entstand ein Gemeinschaftsraum mit Weitblick. Dort war ich wahrscheinlich nicht die Erste, die einfach «picken blieb», da es vom Wintergarten aus einfach wunderbar war, in die Ferne zu blicken und das herbeiziehende Gewitter zu beobachten. Das Handy war zu diesem Zeitpunkt sowieso schon vergessen. Und die Gesellschaft von Kathrin, die von ihrem Mann gerne als «gute Seele des Hauses» bezeichnet wird, tat ihr Übriges.

### GEFORMTER CHARAKTER

700 Jahre hat das Haus auf dem Buckel und die Geschichte begegnet einem darin immer wieder. Etwa im Stiegenaufgang, wo man auf einmal von alten Gemälden beim Vorankommen beobachtet wird. Oder im Vorraum, wo ein alter

Schrank steht, der so massiv ist, dass er wahrscheinlich 400 Kilo wiegt. Doch wo auch immer es möglich war, haben Kathrin und Helmuth das alte System aufgebrochen und etwas Neues geschaffen – bei der bunten Tapete mit Vögeln und Blumen zum Beispiel oder im sehr modernen Rezeptionszimmer. Wunderbar ist auch das Frühstück, für das Butter und Käse von der eigenen Alm in St. Kassian kommen, für das die Marmeladen selbst gemacht sind und die Blechkuchen jeden Tag neu zubereitet werden. Ganz nebenbei kann man mithilfe von Schautafeln auch ein bisschen Frühstücks-Südtirolerisch lernen.

*Was für eine Sommerfrische!*

**B&B NIEDERMAIRHOF**

Herzog-Diet-Straße 1
39031 Bruneck
0039 348 247 67 61
*nmhof.it*

> *Was alt ist, bleibt alt. Was neu ist, wird so richtig neu.*
>
> — MOTTO VOM NIEDERMAIRHOF

GROTTN

# ENDLICH GEHT WAS WEITER

Da merkt man halt, dass die Südtiroler gleichzeitig auch Italiener sind! Auf den Straßen wird nicht fad herumgezockelt, sondern sich vorgedrängelt, was das Zeug hält. Das macht das Herumkurven doch gleich um einiges interessanter und so eine Fahrt kurzweiliger. Auf diesen Straßen ist was los und man hat immer alle Hände voll zu tun, die nächste Gelegenheit zum Überholen nicht auszulassen. Adrenalin pur! Im Stau stehen und im Radio zuhören, wann sich dieser womöglich wieder auflöst, das spielt es vielleicht woanders – aber sicher nicht hier. Es wird überholt und aufs Gas gedrückt:

*Sonntagsfahrer, bitte Platz machen!*

*Das Autofahren hier ist nicht ohne!*

# SIND DIE LEBENSMÜDE?

Südtirol sollten sie umbenennen. In Rowdy-Land! Unglaublich, was dem unbedarften Autofahrer auf den Straßen da so entgegenkommt. Nämlich auf der eigenen Spur. Ja, die Rede war vom ENTGEGENKOMMEN. Da kommen selbst hartgesottenen Vielfahrern die Knöchel weiß unter den Fingergelenken heraus vor lauter verkrampft am Lenkrad sitzen. Und dann noch die ständigen Straßensperren: da ein Pass, der gerade nicht befahrbar ist, dort vielleicht irgendwo eine Mure abgegangen. Und immer – am besten ohne Murren – eine neue Route suchen. Na Servus! Oder Salve! Oder was auch immer.

# HINEIN INS WUNDERBARE TAL

✧ Das nördlichste Seitental Südtirols reicht von Gais bis nach Kasern am *IDYLLISCHEN TALSCHLUSS*. Es misst 630 Quadratkilometer. Orte sind Sand in *TAUFERS, AHRNTAL* oder *PRETTAU*. Der Fluss, der durchfließt heißt (*höhö*) Ahr. Hier geht es noch sehr traditionell zu – teilweise gehören *KLÖPPELN ODER HOLZ-SCHNITZEN* noch zum täglichen Leben. 80 Berge, die über 3.000 Meter hoch sind, stehen einem beim Durchfahren Spalier. Was man sehen sollte: Die Reinbachfälle, das Schloss Taufers, das Schaubergwerk in Prettau und das Bergwerksmuseum mit Kornkasten.

MOSERHOF

# Ein erwachsener Bergbauernhof

MANCHMAL KANN MAN SEIN GLÜCK GAR NICHT SO RECHT FASSEN.
ZUM BEISPIEL DANN, WENN MAN SICH GANZ WEIT INS AHRNTAL HINEINTRAUT
UND DORT VOM KONZEPT «HOFSCHENKE» ÜBERRASCHT WIRD: DAS BEDEUTET DANN
NÄMLICH RESTAURANTNIVEAU MIT ECHTER BAUERNHOFGEMÜTLICHKEIT.

Drinnen wird das Degustationsmenü mit Lachs, Rohnen, Honig und ganz viel hausgemachtem Käse serviert. Im Hintergrund herrscht angenehmes Gemurmel. Draußen brauen sich dunkle Wolken zusammen, das macht dem Beet mit bunten Sommerblumen gleich gar nichts, der Mutter von Michael Oberhollenzer schon viel mehr, denn sie nimmt schnell die Wäsche ab. Der alte Bergbauernhof hat leider wenig Weitsicht, dafür aber umso mehr Weitblick bewiesen. Mit den Bio-Produkten, dem fein gedachten Konzept und der gelebten Südtiroler Gastlichkeit.

**MOSERHOF**

Hofladen und
Natur-Gourmet-Schenke

Steinhaus – Oberdorf 19
39030 Ahrntal
0039 0474 652 274
*moserhof-ahrntal.com*

*Wie kommt es, dass man hier im tiefsten Ahrntal so viel Fisch auf der Karte findet?*

Unser hervorragender Koch Daniel war längere Zeit in Portugal. Jetzt wohnt er allerdings im Nachbarort. Er hat im Ausland – so nahe am Meer – einfach ein Faible für Fisch entwickelt. Und wir freuen uns natürlich darüber und lassen ihm freie Hand beim Ausprobieren.

*Die Hofschenke ist echt sehr gemütlich – was ist ihre Geschichte?*

Wir haben 2012 den Hof und die Käserei gebaut. Zuerst hatten wir eben nur eine Käserei und viele Leute machten Hofbesichtigungen, weil Milchschafe in der heutigen Zeit nicht mehr ganz alltäglich sind. Gemeinsam wollten wir aber in Richtung «Hofschenke» gehen, einer Art Gasthof am Bauernhof. Dabei hatten wir einige Anlaufschwierigkeiten, aber mittlerweile sind wir den Kinderkrankheiten entwachsen und werden sowohl von den Einheimischen als auch von den Gästen gut angenommen. Donnerstag bis Sonntag kann man bei uns warm essen, Käse allerdings die ganze Woche über verkosten.

*Grüß dich, Michael! Sehr schön, dass wir uns hier durch eure Speisekarte kosten dürfen. Wie ist denn die Rollenverteilung bei euch im Haus?*

Gekocht und ausgedacht hat sich das Menü unser Koch Daniel. Bei seinen Kreationen lässt er sich natürlich von unserem Käse inspirieren, der hier im Keller hergestellt wird. Vier Mitarbeiter haben wir insgesamt. Man würde annehmen, dass wir dadurch selber weniger arbeiten müssen, aber nein! Sobald man etwas Luft hat, sieht man schon wieder etwas Anderes, wo man seine Energien hineinstecken kann. Neben Käse produzieren wir auch noch Kartoffeln und Gemüse.

*Ihr habt ja auch Spezialveranstaltungen?*

Ja genau. Da wäre zum Beispiel das Grillen, das immer am Donnerstagabend stattfindet und im Herbst bieten wir dann Gansl-Essen an.

*Und wie bringst du das alles unter einen Hut?*

Man muss schon wirklich aufpassen, dass man sich nicht verzettelt. Wir haben 15 Hektar Bauernhof, außerdem noch Schafmilch und Ziegenmilch von der Alm, die Käseproduktion mit Direktvermarktung und eben die Küche. Ich spiele dabei viele Rollen – ich merk's allein daran, wie oft ich mich pro Tag umziehe.

*Du kennst dich ja mit guten Produkten und Südtirol generell aus. Kannst du den Reisenden ein paar Tipps geben?*

Naja, man soll nicht alles kaufen, was man so sieht, denn oft verbirgt sich Blödsinn dahinter. Je weiter man sich etwa auf den Bergen von den Seilbahnen wegbewegt, desto eher hat man die Chance, gute Qualität zu bekommen. Alle, die hochwertige Produkte und gute Küche suchen, die folgen in Südtirol dem «Roten Hahn». Das ist ein Siegel für Bauern und Schankbetriebe, die gewisse Kriterien erfüllen und den Hauptteil ihrer Produkte selbst zubereiten.

**MICHAELS TIPPS IM AHRNTAL UND FÜR GENERELL**

**DER FRANZISKUSWEG**

—

**DAS SCHNALSTAL**

—

**DIE ALMWANDERUNG IN WEISSENBACH**
(der Markierung 5 folgen; dauert etwa 4 Stunden und startet beim Kneippweg)

—

**DAS WEINGUT SANTER**
Pustertaler Straße 40
39037 Mühlbach
0039 0472 849 632
*santerhof.eu*

# Kartoffelbuchtel mit Frischkäsefüllung auf Rohnen-Ragout

**REZEPT VOM MOSERHOF**

## A · KARTOFFELBUCHTEL

250 g mehlige Kartoffel
250 g Weizenmehl
25 g frische Hefe
1 EL Zucker
125 ml Milch
2 Eigelb

## B · ROHNEN-RAGOUT

1 kg Rohnen
100 g Zwiebel
400 ml Gemüsebrühe
50 ml Weißwein
100 g Sauerrahm

## ZUBEREITUNG

Kartoffeln kochen, pressen und kaltstellen. Die kalten Kartoffeln mit Mehl mischen. Die Milch handwarm erwärmen, Hefe und Zucker dazugeben, danach mit der Mehl-Kartoffelmasse verrühren. Eigelb dazu, salzen und eventuell auch etwas weißen Pfeffer dazugeben. Alles zu einem festen Teig kneten. 40 Minuten bei 30°C ruhen lassen. Danach Teigmassen als 70-Gramm-Portionen abtrennen und mit Frischkäse füllen. In 180°C heißer, geklärter Butter goldgelb braten.

Rohnen schälen und in 1 cm große Würfel schneiden. Zwiebel in sehr kleine Würfel schneiden, danach mit etwas Butter im Topf dünsten. Die Rohnen und Weißwein dazugeben und reduzieren lassen. Mit Gemüsebrühe aufgießen und 30 Minuten sieden lassen. Zum Schluss den Sauerrahm dazugeben, den Topf vom Herd nehmen und mit Salz, Pfeffer sowie Muskatnuss abschmecken.

*Guten Appetit!*

# HALLO, BRIXEN!

☿ Die Religion kann man hier nicht ignorieren – der Dom mit seinem weißen Turm ist Markenzeichen der Stadt und auch guter ORIENTIERUNGSPUNKT für alle Neuankömmlinge. Eine kleine Entdeckungstour durch Brixen und um dieses herum erfreut Körper und Geist.

BRIXEN IST IM
HERZEN HEILIG.

Bringen wir es gleich am Anfang hinter uns: Brixen hat ganz schön viel Geschichte am Buckel. Durch die mit 20.000 Einwohnern drittgrößte Stadt Südtirols weht ein klerikaler Wind. Der Dom mit mehreren Kapellen und Kirchen, der Kreuzgang, das Kapitelhaus, der alte Friedhof – alles weist darauf hin, dass dies ein gewichtiger Ort für die katholische Kirche war. Vor etwa 1.000 Jahren war hier bereits ein Bischofssitz. Rundherum hat sich natürlich immer schon auch viel «normales» Leben abgespielt. In den großen Lauben etwa, wo hinter jeder Tür eine Werkstatt oder ein Laden zu finden war oder beim Finsterwirt (Domgasse 3, *finsterwirt.com*), einer Institution in der Brixner Altstadt, in der es früher verboten war, nach Einbruch der Dunkelheit Licht zu machen. Somit musste damals schon im Dunkeln getrunken und gemunkelt werden. Der Name kam vom Volksmund, ist aber bis heute geblieben.

## JUNG & GUT

Im gleichen Gebäude wird reiner Wein ausgeschenkt. Das «Vitis» (*vitis.bz*) nennt den Nomen sein Omen. Denn dieser bedeutet «Rebe» auf Latein. Mit viel Stilbewusstsein wurde die moderne Enoteca eingerichtet. Besonders schön sind laue Abende im Innenhof, der fast wie ein kleiner Dschungel inmitten der charmanten Stadt wirkt. Zu den Weinen werden auch saisonale Speisen serviert. Wie es sich eben gehört. Auch ganz auf regionale Spezialitäten in hippem, Industrial-Ambiente setzt der «Alte Schlachthof» (Schlachthausgasse 4, *schlachthof.it*). Dort kann man nicht nur gut essen, frühstücken oder einen Kaffee mit Zeitung genießen, sondern auch recht günstig und stylish in den Schlafkojen unterm Dach schlafen. Apropos Café: Das «Tre Fiori» (Bäckergasse 3, *3fiori.com*) ist uns auch sofort ans Herz gewachsen.

**ACTION HERO
WANDER-TIPP**

Jede brave Südtiroler Stadt hat einen Hausberg. Im Fall von Brixen ist das die Plose. Bloß nicht wieder wegfahren, bevor ihr dort nicht rumgewandert seid, sagen wir! Wie wäre es etwa mit der Rundwanderung auf die Ochsenalm. Mit 1.000 Metern Höhendifferenz und einer Strecke von zwölf Kilometern ist man schon gut dabei, die Markierungen starten bei der Bergstation der Kabinenbahn Plose. Man folgt den Zahlen 30, 3-7, 6 und 30 für vier bis fünf Stunden, je nachdem wie fit man ist oder wie lange man in die schöne Panoramalandschaft hineinschauen möchte. (Besser als jedes Fernsehen!)

# Brotzeit is'!

BEI DER FAMILIE PROFANTER HANDELT ES SICH UM EINE KLEINE SÜDTIROLER DYNASTIE VON BROTBÄCKERN. GERADE DIE MÄNNER DER FAMILIE SIND BROTENTWICKLER, BIO-FANS UND ECHTE KRITIKER, WAS DEN STELLENWERT DES BROTS HEUTE ANGEHT.

Da man bei Profanter kein Freund der Entwicklung ist, dass die Industrie das Brotbacken (beziehungsweise Aufbacken) übernommen hat, konzentriert man sich auf Bio, echte Steinöfen und die Ausbildung zum Brotsommelier. Benjamin hat bereits im zarten Alter von sechs Jahren Kindergartenführungen in der Backstube gegeben und ist nun in dritter Generation daran interessiert, den Stellenwert des Brots wieder zu heben. Dabei spielt so einiges zusammen.

### DIE ZUTATEN

Früher war Südtirol laut Benjamin ein typisches Roggenland, aber mittlerweile hat der Weizenkonsum stark zugenommen. Dabei sollte man mit diesem Getreide eher sparsam umgehen. Bei Profanter kommt man daher zurück zum Urgetreide, zu Roggen, Dinkel, Kamut und Co. Außerdem engagiert man sich für Projekte wie «Regiokorn» oder «Südtiroler Berggetreide». Und Fertigmischungen werden nicht angerührt.

### DAS WISSEN

Südtirol = Schüttelbrot. Aber Schüttelbrot ist nicht gleich Schüttelbrot. Ob von Hand geschüttelt wurde, das sieht man am Produkt, denn das muss auf der Verpackung draufstehen. Und warum dieses Brot so ist wie es ist? Früher einmal wurde nur zwei Mal im Jahr gebacken und daher musste das Brot eben lange halten.

### DIE BACKSTUBE

Dort wird von Hand Schüttelbrot gemacht und dank Rezeptcomputer die Tradition mit der Moderne verbunden. Die drei Generationen Profanter-Bäckermeister haben in dieser guten Stube unterschiedlichste Backwaren entwickelt: Benjamin das «Kamut-Brot», Papa Helmuth die daumengroßen, snackgeeigneten «Schüttelbrot-Krockys» und der «Opa 1967» das «Opa-Leo-Roggenbrot».

### DAS DEGUSTIEREN

Die Empfehlung vom angehenden Brotsommelier lautet: Das Brot mit den Augen, den Händen, den Ohren und dann erst mit dem Mund beurteilen. Wie ist die Oberfläche, die Form, die Farbe? Ist es elastisch, kann ich es flachdrücken? Höre ich das Knackige? Bei den 80 verschiedenen Profanter-Brotsorten, hast du dir genau in diesem Moment ein neues Hobby angelacht.

### DAS ZIEL

Die Biodiversität im Getreideanbau in Südtirol wieder steigern. Das Gefühl für Brot und die damit verbundenen Emotionen wieder wecken. Jeder sollte nach Meinung des Bäcker-Trios einmal selbst Brot gebacken haben, um überhaupt ein Gefühl dafür zu bekommen, was dahintersteckt.

**BROT ZU WISSEN**

Den Ausdruck «Vinschgerl»/»Vinschgauer» gibt es in Südtirol gar nicht (trotz Vinschgau!). Dort sagt man zu diesem Weckerl «Breatl» oder «Laibale».

—

Das Schüttelbrot in der Früh in warme Milch tauchen oder mit Butter und Honig verfeinern – so machen's die Locals.

—

Sich – wie es die Südtiroler auch gerne tun – das Herz des Schüttelbrots sichern: Da ist am meisten Aroma drinnen!

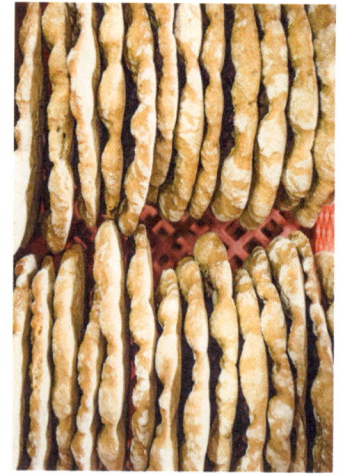

**ZUM THEMA RESTE**

*«Wir sind in der glücklichen Lage, dass wir hier in Südtirol viel altes Brot für die Knödel brauchen.»*

**BACKSTUBE PROFANTER**

Ignaz-Seidner-Str. 28
39042 Brixen
0039 0472 88 55 88
*profanter.it*

*Das Brot ist heute oft nur mehr der Schutz für den Leberkas'.*

BENJAMIN PROFANTER

# ON THE ROAD AGAIN

**IN SÜDTIROL JAGT EIN JOCH DEN NÄCHSTEN PASS UND SO KANN MAN BEI EINEM GUT DURCHDACHTEN ROADTRIP SCHON EINMAL GANZ SCHÖN VIEL DOLOMITI-EINDRUCK MITNEHMEN.**

### ICH WILL SO VIEL WIE MÖGLICH SEHEN

Hier wirkt die Welt einfach wie ein riesengroßes Landschaftsmemory. Dort ein Berg, den man kennen sollte; da ein Tal, das zu einer wiederum sehr bekannten Berggruppe führt. Ob man jetzt alles auswendig lernt oder einfach Schritt für Schritt die Dolomiten-Welt erkundet, ist ja ganz egal. Die Frage ist immer, wieviel Zeit einem zur Verfügung steht.

Wenn man ganz neidig ist auf die anderen, die den Sellapass oder den Langkofel schon gesehen haben – und einfach nicht rauskommen aus dem Schwärmen – dann kann man sich ins Auto setzen und bei einem kleinen Roadtrip damit anfangen, die vielen natürlichen Stars Südtirols selbst unter die Lupe zu nehmen. Und dann fällt das Mitreden auch gleich viel leichter.

# N°1
# Der Passo delle Erbe

Am Weg von Bruneck ins Villnösser Tal (nämlich zum Adolf-Munkel-Weg, S. 70) kann man anstatt über die Autobahn auch übers Würzjoch fahren. Serpentine folgt auf Serpentine und die Wiesen leuchten fast unwirklich grün im unbarmherzig kitschigen Sonnenschein. Wenn die Idylle eine Heimat hätte, vielleicht wäre sie hier? Die Italiener sagen «Passo delle Erbe» zu diesem 2.003 Meter hoch gewachsenen Gebirgspass und vergessen ihn trotzdem manchmal, weil sie so gern an den berühmten Sellapass denken. Das macht die Auffahrt aber umso angenehmer, denn der Wirbel dort oben ist überschaubar; zumindest als wir dort waren. Was nicht überschaubar und vor allem nicht zu übersehen ist: Der Ausblick auf die Dolomitenlandschaft und den Peitlerkofel, der einem ja geradezu ins Auge sticht.

WIR HABEN ZWEI TOUREN FÜR DICH GETESTET

## N°2
# Ein Muss

Diese Strecke ist ein echter Klassiker und hört auf den Namen «Sella Ronda». Diese Route führt rund ums Sella-Bergmassiv und schließt vier Gebirgspässe mit ein. Im Winter wird hier ein Traum für Skifahrer wahr. Eine Rundtour mit vielen, vielen Pistenkilometern und noch dazu so klingenden Namen wie Alta Badia, Corvara und Gröden fürs skifahrverliebte Ohr. Im Sommer fährt man die 52 Kilometer und ungefähr 1.650 Höhenmeter auf asphaltierten Straßen und gern mal mit dem guten, alten Rad. Es gibt hier im Sellagebiet Volksradltage, aber auch einen der härtesten Moutainbikemarathons Europas.

Man kann sich aber natürlich auch mit dem eigenen Auto anpirschen. Wir haben bei unserer Ausfahrt im August zwei der vier Pässe der Sella-Runde inspiziert: Das Grödner Joch und den Sellapass. Bei der Fahrt Richtung Grödner Joch (von St. Martin in Thurn kommend) fühlt man sich wie hineingezogen in die Naturgewalt der Dolomiten. Ist man noch von dem einen Berg begeistert, zeigt der Finger schon auf die nächste massive Schönheit. Einfach wow! Dann noch der urige Sellapass, wo man Bergsteiger im Auto jausnen sieht und wo von der anderen Seite das Trentino her grüßt. Man kann die Marmolata (genau, den höchsten Berg der Dolomiten) ausmachen und freut sich beim Runterschauen darüber, dass man bei dieser Spritztour so viel Bekanntes und einige Superlativen aus Südtirol mit eigenen Augen gesehen hat.

## CHECKCHECK

Bevor du dich aufmachst, immer nachschauen, ob alle Pässe offen sind! Der Sellapass war zum Beispiel in diesem Recherchier-Sommer immer mittwochs geschlossen.

# Am Adolf-Munkel-Weg

SCHON BEIM FRÜHSTÜCK IST KLAR:
HEUTE WIRD'S SCHÖN. GERADE WEIL DIE NACHWEHEN VOM
GEWITTER DER NACHT NOCH DAFÜR SORGEN, DASS ES RECHT KÜHL IST,
FREUT MAN SICH SCHON DARAUF, BEI DEN GEISLER SPITZEN IN DER
VOM WETTERBERICHT ANGEKÜNDIGTEN SONNE ZU SITZEN.

Um den Adolf-Munkel-Weg gehen zu können, muss man ins Villnößtal und auf den Spuren von Reinhold Messner reisen, denn die Geisler-Nordwände sind die Heimatberge des bekannten Bergsteigers. Auf Italienisch sucht man nach dem «Val di Funes» und bei Orientierungsschwierigkeiten hält man sich auf der Autobahn an die Abfahrt Klausen.

### LOS GEHT'S!

Gefunden! Der Parkplatz unter der Zanseralm! Von dort soll's losgehen. Aber, aber; wir müssen feststellen, dass auch viele andere Autos schon hier sind und sogleich beschleicht uns ein mulmiges Gefühl… womöglich könnte hier zu viel los sein? Was soll's – jetzt sind wir schon da und Tal-Hopping in Südtirol ist dann doch irgendwie zu zeitintensiv. Wir halten Ausschau nach Weg Nr. 6 in Richtung Tschantschenon, um von dort auf die Nr. 35 (also den Adolf-Munkel-Weg) abzuzweigen.

### EIN STREIFZUG DURCH
### REALE LANDSCHAFTSBILDER

Wir wandern durch den Wald, vorbei an Riesen-Stein-Brocken und wissen gar nicht, wo wir überall hinschauen sollen. Die Frische vom Wald klatscht ab mit der Idylle auf der Alm und das mulmige Gefühl vom Parkplatz ist schon längst verflogen: Denn meist sind die Landschaft, die Geislerspitzen und wir alleine und keine anderen Wandergruppen auch nur in Sicht. Und dann – etwas ganz Anderes tut sich vor uns auf: Die Geisleralm. Dort empfängt uns bei frischer Buttermilch, Knödeln und Speck

das Südtirol-Feeling schlechthin und wir können unser Glück kaum fassen: Hinter der Hütte befinden sich Liegen, von denen aus die sonnenbeschienen Geislerspitzen besonders gut aussehen.

### RUNTERSCHUNKELN

Bei der Geisleralm dann wird's interessant. Der richtige Weg ist immer auch Definitionssache – finden wir – und so sind wir uns zwar ein bisschen vergangen, haben dabei aber einfach die längere Variante des Wegs entdeckt und so noch ein paar besondere Schmuckstücke gesehen: Eine fast kitschige Alm zum Beispiel, die vor den beeindruckenden grauen Geisler-Riesen wohnt – das Gras so grün, der Himmel so blau, die Landschaft so perfekt. Wir finden ihn auch ohne Anleitung wieder – den angeblich richtigen Weg – und zurück am Parkplatz freuen wir uns über die Eindrücke eines wirklich schönen Tages – das Frühstücksgefühl hat sich bewahrheitet.

*Geislerkino sagen die Einheimischen dazu. Berg-Bilderbuch sagen wir.*

### DAUER

*Ungefähr 3h*

Wir haben länger gebraucht, was sich später aber einfach als die zweite Variante der Tour herausgestellt hat.

### SCHWIERIGKEITSSTUFE

*Familienfreundlich*

### DIE WEGNUMMERN

*für 3 Stunden*

*für 4 Stunden*

# DIE GEMÜTLICHE LANDESHAUPTSTADT

**BOZEN. ODER EHER BOLZANO. IN DIESER STADT GEWINNT GANZ KLAR DAS ITALIENISCHE, DAHER NICHT WUNDERN, WENN MAN HIER AUCH DAMIT KONFRONTIERT BEZIEHUNGSWEISE ANGESPROCHEN WIRD. BENVENUTO! HERZLICH WILLKOMMEN IN DER 100.000-EINWOHNER-CITY UNTER DEN LAUBEN!**

### DAS SOLLTE MAN ÜBER BOZEN WISSEN

Im Südtiroler Archäologiemuseum kann man den Ötzi besuchen.

—

Der Obstplatz gilt als heimlicher Hauptplatz der Stadt.

Der Bozner Talkessel wird an drei Seiten von Bergen begrenzt (und ist nach Süden hin offen).

—

Die Firmen Salewa und Thun haben ihre Headquarters hier.

Die wirklich so genannte «Gute Stube» der Stadt ist der Waltherplatz. Warum Walther? Naja, wegen Walther von der Vogelweide!

Die Laubengasse (Via dei Portici) ist DIE Einkaufsstraße der Altstadt. Alteingesessene Geschäfte finden in den altehrwürdigen Häusern ebenso Platz wie neuere Shopping-Möglichkeiten.

**TIPPS**

# Fare shopping

**DIE BERÜHMTEN LAUBEN GIBT ES JA NICHT ERST SEIT GESTERN. DAHER IST KLAR, DASS IN BOZEN SO EINIGES GEHT, WENN MAN ANS EINKAUFEN DENKT.**

### WAMS

Diese Socke ist bunt, frech und kommt aus Südtirol. Die beiden jungen Designer Daniel Kaneider und Robert Larcher haben den kleinen Socken-Durchbruch schon geschafft und daher gibt es natürlich auch in Bozen ein paar Läden zum Nachshoppen, so zum Beispiel bei «Attic» in der Via Argentieri 5. *wam-socks.com*

### GLÜCKLICH

Der Name ist ja schon einmal vielversprechend. Hinter der Marke verstecken sich «handmade» Mäntel, Janker und mehr aus hochwertigem Material, die beim Tragen und Anschauen einfach Freude machen. Der Shop befindet sich im 12 Kilometer entfernten St. Michael (Eppan), aber auch so Traditionshäuser wie «Oberrauch Zitt» in Bozen haben «glücklich»-Mode eingelagert.

### ZILLA

Hinter diesem Namen verbergen sich die Taschen von Sylvia Pichler. Nämlich solche, die auf den ersten Blick schon auffallen und auch mal gerne golden glänzen. Wirklich schön, aber nicht billig. *zilla.it*

### PUR

Natürlich ist auch Bozen mit einem schönen Shop aus der «pur» Südtirol-Linie versehen. Dieser befindet sich in der Perathonerstraße 9 und ist ein kleines Fest für alle 100%-Südtirol-Fans. *pursuedtirol.com*

**TIPPS**

# Andare a mangiare

**WO DER KNÖDEL AUF DEN BURGER TRIFFT, DA HAT DAS SPECKBROT IMMER NOCH NEBEN DEM SUSHI PLATZ GEHABT. GLAUBEN WIR UND GEHEN VIEL ESSEN.**

### FRUCHTIG

Am «Banco 6» alias Marktstand 6 gibt es Frucht-Shakes to go. Banane, Kiwi, Apfel und Konsorten wandern je nach Saison und ganz gekonnt in den Mixer, um schnurstracks als Vitamin-Kick zwischendurch genossen zu werden. So machen's auch die Locals!

### EINGEWANDERT

Unvergesslich ist auch, was «Alpensushi» aus den Bozener Küchen hervorzaubert. Beim Gedanken an das Reis-Fisch-Erlebnis wird uns heute noch die Sojasoße im Regal verrückt. *alpensushi.it*

### BURGERLADEN

Italian Gourmet Burger gibt's am Obstplatz. Sie hören auf den Namen «Stars Burgers» und haben so gar nichts mit Fast Food zu tun. «Old Venice» und «Angry Vesuvio» werden uns für immer in guter Erinnerung bleiben.
*stars-burgers.com*

### FLEISCH

Wer gern echten Südtiroler Speck mit nach Hause nehmen möchte, der sollte, mit dem Einkaufskörberl bewaffnet, bei Feinkost Egger an der Adresse Obstplatz 7 oder bei Krals Hofmanufaktur (Stand 3 am Obstmarkt) nicht nur vorbeigehen. Zusatzeffekt des Stehenbleibens: Wenn der kleine Hunger kommt, kann man sich ganz spontan ein Brot belegen lassen oder etwas ähnlich Gutes schnabulieren.
*feinkostegger.it – kral.bz.it*

**TIPPS**
# Vedersi

**NICHT NUR DIE ITALIENER SITZEN GERNE ZUSAMMEN UND TRATSCHEN, WAS DAS ZEUG HÄLT. AUCH WIR BESUCHER WOLLEN MITMACHEN UND SCHWINDELN UNS SOGLEICH IN DIE «PLACES TO BE» HINEIN.**

### FRANZBAR

Häppchen und Schlückchen. Sie ist sehr beliebt, diese Franzbar in der Leonardo-da-Vinci-Straße 1! Man trifft sich zum Veneziano und Hugo trinken und feiert das Ende des Arbeitstags. Daneben reihen sich die Brötchen mit einheimischem Speck und mehr. Wir feiern mit.

### FISCHBÄNKE

Bunt, schrill, anders. Das sind die Worte, die uns für dieses verspielte Lokal in der Dr.-Josef-Streiter-Gasse 28 einfallen. Ein Haufen Gäste kann sich nicht irren. Dieses Lokal für Vino und Bruschetta ist eine Institution.

### PANINI-PARADISE

In der Bar «Birreria Romagnolo» auf der Piazza Matteotti ist alles so, wie man es sich in Italien vorstellt. Es läuft ein Fußball-Match in gleich mehreren Fernsehern und der Panini-Boss schnappt sich abwechselnd Schinken, Käse und Co. aus der Frischetheke und macht damit Panini Caldi wie aus dem besten Kochbuch.

### STADTFÜHRER-TIPPS

Ein richtig guter Begleiter für Bozen hört auf den Namen «Josef» und kann erworben werden: *joseftravelbook.com* und auch in den Buchhandlungen vor Ort. Er sei dir wirklich ans Herz gelegt! Vom Kaffeehaus bis zum Baby-Shop ist in diesem Reisebuch alles voller Insider-Tipps. Stadtführer in echt gibt's ja auch noch. Also: Wer lieber zuhört als liest, der schaut vielleicht auf diese Webseite und schließt sich einer Stadtführung an. *bolzano-bozen.it*

# ALPEN- UND ALMEN-KNOW-HOW

**1**

DER SCHLERN MIT 2.563 METERN GILT ALS «WAHRZEICHEN» DES LANDES, WEIL ER SO CHARAKTERISTISCH IN DER GEGEND HERUMSTEHT.

**2**

Die Seiser-Alm ist 57 Quadratkilometer groß; das sind 55 % der Fläche Innsbrucks.

**3**

BEKANNTE ALPINISTEN AUS SÜDTIROL SIND REINHOLD MESSNER UND HANS KAMMERLANDER.

**4**

13 Gebirgsgruppen gibt es hier – zum Beispiel die Ötztaler Alpen, Stubaier Alpen, Karnischen Alpen, Zillertaler Alpen, die Venedigergruppe, die Villgratner Berge, die Dolomiten und die Ortler-Alpen.

**5**

Zu den bedeutenderen besiedelten Nebentälern zählen (von West nach Ost) Sulden, Schnals, Ulten, Passeier, Ridnaun, das Sarntal, Pfitsch, Gröden, das Gadertal, das Tauferer Ahrntal und Antholz.

# Agatha Christie auf der Spur

Quasi ein Passierschlag. Als wir bei der Autofahrt die Dolomiten im Rücken und vor der Nase baumelnd das Bozener Stadtleben hatten, entdeckten wir zu unserer Rechten das «Grand Hotel Carezza». Wie wir später herausfinden sollten, ist dies ein geschichtsträchtiger Ort, an dem schon Winston «no sports» Churchill, Agatha «ich schreib' wieder mal einen Krimi» Christie oder Kaiserin «ich bin überall daheim» Sisi abgestiegen sind. Es war Liebe auf den ersten Ex-k.u.k.-Blick. Und auf einmal kam zur Linken auch noch das grüne Schimmern des Karersees ins Blickfeld. Wir wussten – der nächste Sonnentag würde ausgenützt werden: Die Gegend muss man einfach erwandern.

## NOCH BESSER

Doch wie kann so ein Eindruck noch besser werden? Naja, indem man zum Beispiel wie Katharina ein eingefleischter Krimi-Fan ist und schon zu Schulzeiten immer mit Poirot und Miss Marple zu Bett gegangen ist (aber vor lauter Spannung nicht einschlafen konnte und nächtelang durchgelesen hat). Dann kommt die Südtirol-Recherche, bei der klar wird, dass es hier einen Agatha-Christie-Weg gibt, auf dem sich die Autorin sogar für das Buch «Die Großen Vier» inspirieren hat lassen. Da ist Katharina dann natürlich nicht mehr vom Weiter-Recherchieren abzubringen und es ist augenscheinlich, dass dieser Weg für uns zwei ehemalige Englischstudentinnen äußerst reizvoll sein würde.

Schon haben wir die Wanderschuhe in den Kofferraum gepackt und sind am nächsten Tag zum besagten Ort gefahren, um diese schöne Themenwanderung zu machen.

## FERRAGOSTO

Ein Nationalfeiertag ist für gewöhnlich etwas Schönes. Allerdings nicht dann, wenn man eine Wanderung durch die Südtiroler Bergwelt zwischen Latemar und Rosengarten unternimmt und dabei halb Italien trifft. Der «Gegenverkehr» war dementsprechend groß. Wir ließen uns aber nicht aus der Ruhe bringen und schritten gemächlich und genießend den Weg vom Grand Hotel zum Labyrinthsteig. Dort war's dann ein bisschen kraxeliger und ein fester

Tritt war gefragt, was die Italiener aber nicht davon abhielt, in Riesen-Gruppen durchzuschwärmen. Wir blendeten alle Hindernisse aus und ließen die Latemar-Landschaft auf uns wirken, während wir durch kleine Bögen und andere Gesteinsformationen wanderten.

### EIN SCHÖNES ZIEL

Der Karersee ist das erklärte Ziel dieser Krimiwanderung, die mehr inspirierend als spannend ist. Die Farbe des Bergsees ist einfach wunderbar und das Panorama haut einen um. Wir packten am Bankerl die Jause in Form von Hartwürstel und Mini-Schüttelbrot aus und ließen die Beine einmal ein bisschen stiller baumeln. Für den kühlen Abschlussdrink (es musste in diesem Fall einfach ein Spezi\* sein) ging's dann noch in die «Mini Bar Pitt» (Via Carezza 159, Nova Levante).

*\* Spezial-Mischung aus Cola und Fanta*

## DAUER
*Ungefähr 3:15h*

## SCHWIERIGKEITSSTUFE
*Familienfreundlich*

## DIE WEGNUMMERN

*Start beim Hotel Karersee
mit Weg 18*

*dann weiter über den
Labyrinthsteig über Weg 20*

⬠ 11

*zum Mitterlegerweg
mit der Nummer 11*

☐ 12

*dann über den Weg 12 zurück
zum Ausgangspunkt.*

Türkis bis gelb strahlt dieser Bergsee. Und man muss die Kameraausrüstung nicht einmal weit schleppen, damit man ihn erreicht. Ganz ehrlich: Ein Geheimtipp ist der Karersee keiner, da er ja auch gleich an der Straße liegt. Aber dafür ist er auch für Gehfaule super, da vom Parkplatz nur ein paar Anstandsmeter zu absolvieren sind, um dann schlussendlich das majestätische Bergpanorama der Latemar-Gruppe abzulichten. Der Rundweg ist so geschickt angelegt, dass die vielen Besucher des Sees (die – wie man selbst – wahrscheinlich nur vom Parkplatz hergekommen sind) hinter den Bäumen verschwinden. So wirkt es fast so, als wäre man allein auf weiter Flur. Aber das – meine lieben Fotografen und Fotogräfinnen – ist nur am Foto so. Magic!

# Driving through the Grapevine

SÜDLICH VON BOZEN GEHT ES HEISS HER. IM WAHRSTEN SINNE DES WORTES. DENN DORT SIND DIE TEMPERATUREN SO HOCH, WIE SONST NIRGENDWO IN SÜDTIROL. WIE PRAKTISCH, DASS SICH DORT AUCH GLEICH EIN GROSSER BADESEE, NÄMLICH DER IN KALTERN, DAUERHAFT AUFHÄLT.

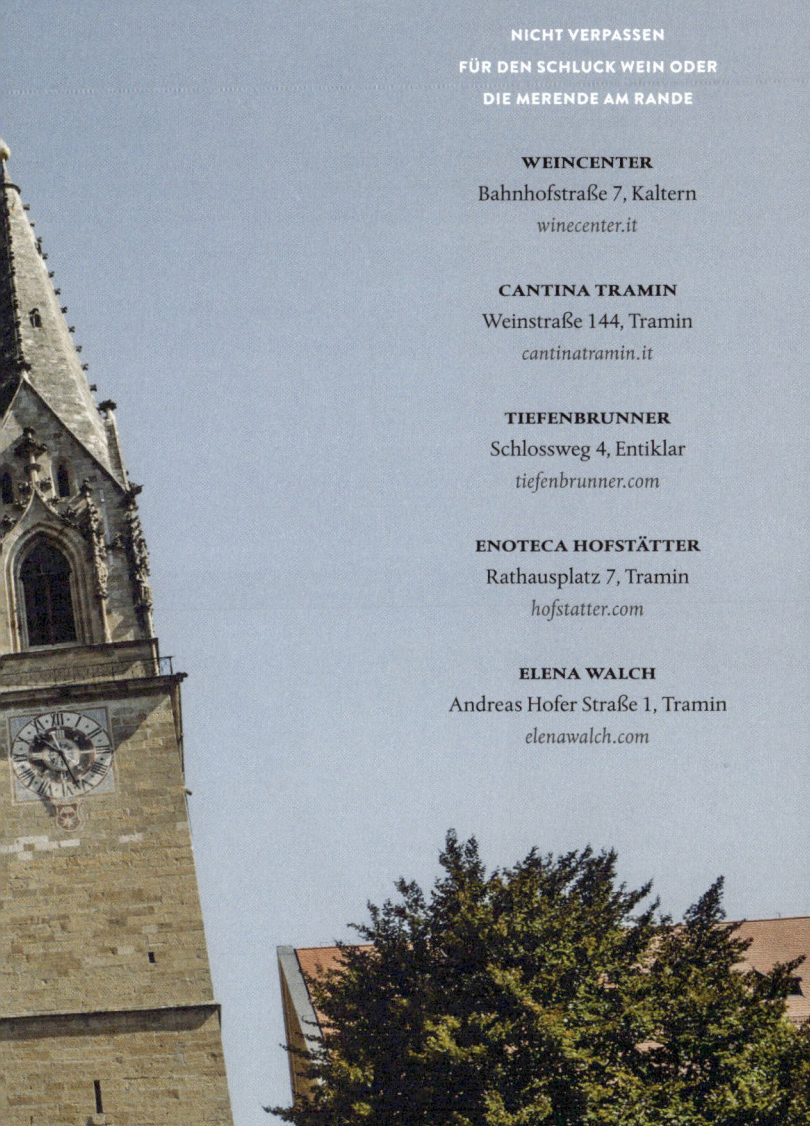

**NICHT VERPASSEN**
**FÜR DEN SCHLUCK WEIN ODER**
**DIE MERENDE AM RANDE**

**WEINCENTER**
Bahnhofstraße 7, Kaltern
*winecenter.it*

**CANTINA TRAMIN**
Weinstraße 144, Tramin
*cantinatramin.it*

**TIEFENBRUNNER**
Schlossweg 4, Entiklar
*tiefenbrunner.com*

**ENOTECA HOFSTÄTTER**
Rathausplatz 7, Tramin
*hofstatter.com*

**ELENA WALCH**
Andreas Hofer Straße 1, Tramin
*elenawalch.com*

Man kennt sie, die Südtiroler Paradeweine – den Traminer, den Vernatsch, den Lagrein. Bei Ersterem weiß man gleich, wo er herkommt. Denn es gibt nicht viele Dörfer, die eine Rebsorte benannt haben. Wir fahren in Tramin ein – es ist ein sehr heißer Augusttag. Sonntag wohlgemerkt. Alle sind in der Kirche und tragen Tracht. Wir nutzen die ausgeleerten Straßen für einen Spaziergang, bei dem wir – wie zwei Schnecken – vor lauter heiß eine Schwitzspur hinterlassen. Wir finden alles sehr ansehnlich und lieb. Von einem deutschen Freund wurde uns Tramin so warm ans Herz gelegt, dass die Erwartungshaltung nicht höher sein könnte. Aber die liebliche Szenerie stimmt uns trotz Hitze milde und wir finden es toll, hier zu sein. Lieber würden wir allerdings in den Kalterer See springen, dessen Name falsche Hoffnungen macht, denn er ist der wärmste See der Alpen. Er eignet sich perfekt zum Baden oder um im Strandbad «Gretl am See» (St. Josef am See 18, *gretlamsee.com*) abzuhängen.

## MINI-ROADTRIP

Wir lesen von Weinlehrpfaden, die man wahlweise mit Rad oder zu Fuß bestreiten kann, entscheiden uns dann aber doch für den Klassiker der bequemen Reisebuchautorinnen – das klimatisierte Auto, in dem wir die Weinstraße hinauffahren und bei dem ein oder anderen Winzer stehenbleiben. Dadurch entsteht ein Ungleichgewicht – die Beifahrerin wird immer lustiger, auch was die Musikauswahl anbelangt und die Fahrerin bleibt einfach so wie sie ist. Wir finden es trotzdem toll, gemeinsam durch die Welt des Traminers zu fahren, umgeben von Apfelbäumen und Weinreben, die sich wie Berge um uns herum hinaufreihen. Die Vegetation explodiert hier sowieso förmlich – Fruchtbarkeit ist eindeutig nicht das Problem. Zypressen stehen wie Zinnsoldaten am Wegesrand, Palmen säumen die Straße, Feigen- oder Zitronenbäume, alles kein Problem. Eine Welt zwischen den Alpen, in der das Mittelmeer schon greifbar scheint. Zwischen Bozen und Salurn ist es ein Hochgenuss durch die Weite des Tals zu fahren – wir drehen die Musik auf und lassen uns einfach treiben.

# Wunderwerk der Entspannung

EIN SCHRITT IN DIE RICHTIGE RICHTUNG GENÜGT, UM DER ENTSPANNUNG UND INNEREN RUHE NÄHER ZU KOMMEN. IN LANA STEHT EIN HOTEL NAMENS SCHWARZSCHMIED, DAS JEDEN GAST EIN STÜCK NÄHER ZU SICH SELBST BRINGT. MIT YOGA, WELLNESS, TOLLER EINRICHTUNG UND VERDAMMT GUTEM ESSEN IM GEPÄCK.

Gleich hinter der Rezeption beginnt sie, die andere Welt. Erkennbar ist der Wellnessbereich am eindringlichen Geruch, der bereits so entspannend wirkt, dass man sich am liebsten auf die modernen und gleichzeitig wunderbar bequemen Liegen betten würde, ohne jemals wieder aufzustehen. Doch wir haben eine Mission, die ganz leicht mit vier Buchstaben zusammenzufassen ist: Yoga! Die tut auch während der Recherche gut und zuhause im Alltag sowieso. So lernen wir Stefanie kennen, die nicht nur für die Auswahl des überaus guten Dufts, der hier in der Luft liegt, verantwortlich ist, sondern auch für das Yoga, das hier stattfindet.

#### AUF DIE MATTEN!

Neben dem Indoor-Swimmingpool, der kleinen Getränkebar und dem Fitnessstudio gibt es im Hotel Schwarzschmied einen Yogaraum, der sich – ganz in weiß, dunkelrot gehalten, als Sehnsuchtsort für viele der Gäste entpuppt. Sie haben ihr Ticket schon längst gebucht. Wohin es geht – na zu sich selbst, natürlich.

#### INDIVIDUELL & VOLLER
#### KLEINER WUNDER

Stefanie macht diese Einheit auf Deutsch, aber sie kann auch Englisch und Italienisch, je nachdem, welche Gäste sich zusammenfinden. Die Gruppe ist eine Mischung aus Hotelgästen und Externen. «Ich passe das Programm immer spontan an die Ausgangsposition der einzelnen Teilnehmer an», sagt Stefanie, die offensichtlich liebt, was sie tut. Und nach einer Stunde im Raum ist wieder ein kleines Wunder mit einem geschehen, wie das eben beim Yoga so ist. Wir fühlen uns leichter, besser, positiver. Der richtige Zeitpunkt also, um im «La Fucina» einzukehren.

#### DER SCHMIED MIT SLOW-FOOD

Das Prinzip des Hotels Schwarzschmied basiert auf vier Säulen: Schönheit, Entspannung, Bewegung und Ernährung. Da darf der hauseigene Genussstempel nicht fehlen. Er heißt schlicht «La Fucina» (Die Schmiede) und ist für alle offen – man kann also auch als «Externer» hier reservieren (was wir wirklich

wärmstens empfehlen!). Zwischen Holz, Schwarzstahl und Glas wird hier Außergewöhnliches serviert, das noch dazu aus der Region kommt und dem Prinzip von «Slow-Food» entspringt. Vegetarisch, vegan, gluten- oder laktosefrei, das «La Fucina» spielt alle Unverträglichkeitsstück'l und hat am Abend mehrere Menüs in petto. In der Früh gibt's dann beim Riesen-Buffet allein vier verschiedene Hummus-Sorten. Da wird man mit dem Schauen und Essen gar nicht fertig vor lauter gut.

**HOTEL SCHWARZSCHMIED**

Schmiedgasse 6
39011 Lana
0039 0473 562 800
*schwarzschmied.com*

**TIPPS VON YOGALEHRERIN STEFFI**

Caffe' Menta & Ravioleria
Via delle Corse 113, Meran
*fb.com/caffementa*

—

Monocle Shop
Dantestraße 23, 39012 Meran
*monocle.com*

—

Yoga Shiatsu Zentrum
Ortensteingasse 4, Meran
*yszm.it*

—

ES Contemporary Gallery
Laubengasse 75, Meran
*es-gallery.net*

—

Fotograf Christian Martinelli
*00a.it*

*Yoga is like a shower that washes away everything that makes you miserable small.*

ASHUTOSH SHARMA

# EIN PIXNER, EIN PROJEKT UND VIELE GUTE TÖNE.

LEIDENSCHAFTLICHER HARMONIKASPIELER, VERFECHTER VON GUTER MUSIK, LAGREIN-FAN, WAHL-INNSBRUCKER UND VORAUSDENKER. HERBERT PIXNER HAT MIT SEINER MUSIK SAMT «HERBERT PIXNER PROJEKT» DEN GANZEN ALPENRAUM EROBERT – WIR TREFFEN IHN ÜBER DEN DÄCHERN DER TIROLER HAUPTSTADT ZUM INTERVIEW.

*Gratulation! Du kannst mittlerweile von der Musik leben. Ist das nicht ein Wahnsinn?*

Sicher ist das ein gutes Gefühl, wenn man vor 1.000 bis 2.000 Leuten pro Konzert seine Musik machen und in renommierten Häusern wie der Elbphilharmonie, der Meistersingerhalle oder dem Festspielhaus Salzburg spielen darf. Aber es gibt auch immer eine Kehrseite der Medaille. Diese ist im Musikbusiness, dass rundherum sehr viel Arbeit ist, die niemand sieht. Fürs Label, fürs Booking und für die Promo. Ich habe ja auch die eigene Produktionsfirma und den Vertrieb über. Da ist allerlei an Administration gefragt, somit bin ich unter der Woche immer im Büro, habe Shootings, Interviews und eben auch andere Bands, die ich betreue. Zusammengefasst ist das cool und spannend, aber auch viel zu tun. Dabei spielen wir mittlerweile eh «nur» mehr 60 bis 70 Konzerte in der gleichen Zeit, in der wir vorher 180 gegeben haben.

*Da müsst ihr euch schon ziemlich eingespielt haben mit dem Herbert Pixner Projekt – bei so vielen Auftritten im Jahr. Läuft bei den Konzerten alles wie am Schnürchen?*

Als Band läuft alles super. Allerdings funktionieren oft die Anforderungen vor Ort nicht so, wie ich das gerne hätte und da kann ich schon mal ausflippen. Diesbezüglich bin ich vielleicht zu emotional und steh' zu wenig drüber. Ich möchte es schaffen, mich mehr auf die Musik zu konzentrieren und nicht zu sehr auf das Drumherum. Da gibt es einfach gewisse Sachen, die mich rausbringen. Manchmal sind die Leute einfach so sensibel wie ein Kuhfladen. Wenn zum Beispiel im Konzert Leute durchgehend mit ihren Handys filmen. Das stört uns Musiker einfach... Aber man muss auch dazusagen: Es gibt Konzerte, da passt einfach alles.

*Wie funktioniert ihr als Herbert Pixner Projekt miteinander auf der Bühne?*

Wir versuchen alles rauszuholen, was für uns auf der Bühne spielbar ist. Wir experimentieren viel am Klang. Vor allem mit Manuel Randi, unserem Gitarristen geht das super, denn er war schon in den verschiedensten Richtungen unterwegs, von Metal bis Flamenco und Gypsy-Jazz. Jedes unserer Konzerte ist anders. Es wird viel improvisiert, das brauchen wir, um miteinander zu funktionieren. Diejenigen, die uns schon einige Male live gehört haben, wissen es: Wir machen keine stadiontaugliche Musik, bei uns muss man sich ganz bewusst drauf einlassen. Wir haben viele ruhige und viele epische Nummern dabei. So entstehen wunderschöne Momente, die tausend Leute miteinander teilen können. Daraus ergibt sich eine Energie, die unbeschreiblich ist.

*Wie offen bist du eigentlich in Sachen Musik? Was hörst du selbst?*

Ich höre alles quer durch. Alles, wo ein musikalisches Handwerk dahinter ist, darf mich beschallen. Außer volkstümliches Gedüdel und Schlager, das ist alles so wäh und mir viel zu seichter Mainstream. Was österreichische Bands betrifft, mag ich zum Beispiel Bilderbuch, die schreiben geniale Lyrics, machen «sau-spannende Musik» und scheißen sich nichts. Oder Voodoo Jürgens, den mag ich auch.

*Du warst ja selbst mal beim Radio in Südtirol – hast du hier Tipps für unsere Leser. Was kann man denn gut hören, während man durch das Land cruist?*

«RAI Südtirol» kann man durchaus hören, da wird auch in ladinischer Sprache gesendet. Vormittags vorwiegend Deutsch, am Nachmittag ist dann Italienisch dran, musikalisch wird alles quer durch gespielt. Ähnlich wie bei «Ö1». «Radio Tandem» ist da schon alternativer. Der Jugendsender in Südtirol heißt «Radio Sonnenschein».

*Und wenn es nicht Radio ist – wie konsumiert ein Künstler in Zeiten von «Spotify», «Apple Music» und Co. denn Musik?*

Am liebsten höre ich natürlich Platten, aber fürs Auto hab' ich ein Apple-Music-Abo. Ich höre verschiedene Playlists und dann kaufe ich mir die Alben meist direkt bei den Künstlern. Ich will ja zuhause eine wirkliche Sammlung haben, die dann im Regal steht. Eine gute Platte hören, das ist wie eine gute Flasche Wein aufmachen – ein bewusstes Genießen.

*Hast du ein Fazit, was die Volksmusikwelt anbelangt?*

Die Oberkrainer haben lange Zeit den Alpenraum mit ihrer Musik geprägt und wurden damals über die Musikstadlschiene berühmt. Das waren alles exzellente Musiker muss man dazusagen und sind bis heute unerreicht – die waren schon wer. Die neue, progressive Volksmusik hat sich dann in drei Wellen ihren fixen Platz in der Musikwelt erobert. Angefangen hat es in den 80ern mit «Broadlahn», «Aniada a Noar» und «Attwenger», um nur einige zu nennen. Hubert von Goisern hat dann in den 90ern einiges losgetreten und viele Gruppen sind auf seiner Welle mitgesurft. So wie «Mnozil Brass» die ganze Bläserszene inspiriert hat. Und in den 2000er Jahren ist dann der Knoten quasi aufgegangen mit «LaBrassBanda», «Alma», «Federspiel» und so weiter.

*Wieso wohnst du denn eigentlich in Innsbruck und bist nicht in deiner Heimat Südtirol daheim?*

Weil ich hier in Innsbruck meine Familie habe und weil Südtirol ein großes Dorf ist. Jeder kennt jeden und ich schätze ein wenig Anonymität und ein bisschen Abstand ist auch nie schlecht. Ich lebe bereits seit 2010 hier, das passt mir ganz gut. Momentan überlege ich allerdings, aufs Land zu ziehen, wieder raus aus der Stadt.

**HERBERTS MUSIKTIPPS AUS SÜDTIROL**

Fainschmitz
«Junge Band mit viel Potential»

Opas Diandl
«Progressive Volksmusik aus Südtirol»

Ganes
«Hier kann man sich ladinische Lyrics anhören»

Bayou Side
«Feinster Blues aus Südtirol»

Festivals:
Gadersound und
Kaltern Pop

**WAS WÜRDE HERBERT (IN SÜDTIROL) TUN?**

Er würde …

*… das Konzert auf dem Flecknersee am Jaufenpass auf über 2.000 Meter mit dem «Herbert Pixner Projekt» empfehlen.*

—

*… im «Andreas Hofer Museum» diese historische Persönlichkeit einmal abseits des Mythos kennenlernen. museum.passeier.it*

—

*… sich auf der Gompm Alm oberhalb von Meran kulinarisch verwöhnen lassen.*

—

*… ein Gamsbratl im Gasthof Innerwalten im Passeiertal essen.*

—

*… in der Tiefenbrunner Kellerei in Entiklar vorbeischauen, um Wein zu trinken.*

—

*… die angeblich beste Küche Südtirols, im Restaurant «Sissi» in Meran, probieren.*

—

*… im Ultental, wo alles ganz naturbelassen ist, wandern gehen.*

—

*… in Sterzing beim «Pretzhof» (wo alles aus eigener Wirtschaft kommt) genießen, was das Zeug hält.*

—

*… unter den Geislerspitzen im Villnösstal wandern.*

—

*… im «Gasthof zum Mohren» in Prissian gut essen und Wein trinken.*

# EINMAL FIFTY-FIFTY GEMACHT

❀ Meran – da simma dabei. Doch warum eigentlich? Weil man hier Traubenkuren machen kann? Weil hier schon Sisi gerne Zeit verbracht hat? Weil hier in SCHENNA DAS MAUSOLEUM von Erzherzog Johann steht? Weil es den MERANER HÖHENWEG gibt? Weil es hier nicht nur schön ist, sondern Schenna? (*jaja…*) Deswegen auch – aber vor allem muss man dorthin wegen dem sogenannten LEBENSGEFÜHL.

MERAN IST FAIR AUFGETEILT: DORT LEBEN 50 PROZENT DEUTSCHSPRACHIGE UND 50 PROZENT ITALIENISCHSPRACHIGE MENSCHEN.

Was schon mal stutzig macht: Es gibt einen Monocle Shop (Dantestraße 23, Meran, *monocle.com*) in Meran. Monocle – ja genau! Das richtungsweisende Verlagshaus, das wir aus Städten wie London oder Tokyo kennen und lieben. Und auf einmal stehen wir in Meran davor. Der Grund ist leicht erklärt: Tyler Brûlé, der eigentlich aus Kanada kommt und mittlerweile zum Inventar von Meran gehört, ist hierhergezogen. Dann ist ein Raunen durch die Reihen seiner kosmopoliten Freunde gegangen, alle – so schreibt er im «Josef»-Magazin – haben ihn gefragt, WARUM er nur nach Meran gegangen ist. Er hat das schon ganz genau gewusst, der gute Monocle-Mann, und hat einfach einen nach dem anderen zu sich nach Südtirol eingeladen.

Zwischen die Palmen, ins fast mediterrane Klima, in die frische Bergluft, in die Stadt, die gerade die richtige Größe hat, um spannend zu sein, in der man aber noch immer alles zu Fuß machen kann und in der man einander kennt. Die Frage hat sich dann etwas geändert und statt dem «Warum» kam ein WIE, «wie hast du Meran nur gefunden?». Da war der Umzug von Schweden auf einmal nachvollziehbar und manche haben Tyler schon nach der Kontaktadresse seines Maklers gefragt. Er ist kein Einzelbeispiel, aber ein recht anschauliches dafür, was gerade in der altehrwürdigen Kurstadt passiert, die ihre besten Zeiten eigentlich schon längst erlebt haben sollte. Die nächste Generation wächst heran, holt sich Inspiration in aller Welt und als geborene Südtiroler wissen die Leute hier ja auch von Geburt an, was gut ist. So bricht förmlich alles auf und aus alt und starr wird neu und beweglich.

**PERFEKTER MIX**

Noch dazu kommt, dass hier die ideale Balance herrscht: 50 Prozent der hier lebenden Menschen sind deutschsprachig und die andere Hälfte spricht Italienisch. Das gibt es in so einem ausgewogenen Maß nicht noch einmal in Südtirol. Das Beste aus beiden Welten vereint sich in der ins Alter gekommenen Naturschönheit, die sich schön langsam aus ihrem Dornröschenschlaf aufsetzt. Nun spielt es sich ordentlich ab an der gurgelnden

Passer, die man am besten gleich entlangspaziert. Das nächste Ziel ist wohl das (heimliche?) Lieblingslokal fast aller hippen Meraner, das «Meteo» (Passeggiata D'Inverno 51, Meran). Die Einrichtung ist vintage, die handgeschriebene Speisekarte besonders, der Wein ausgesucht und das Essen dann einfach göttlich. Eile haben die Damen (zwei Schwestern), die sich die Kellnerschürze übergezogen haben, allerdings keine. Aber wer in Meran urlaubt, der hat Zeit. Das dynamische Duo, das sich hinter dem Meteo verbirgt, sind eigentlich Agata und Thomas und die beiden wissen, was gut ist. Wir haben Platz genommen und sind sofort im Meteo-Bann gewesen. Wahrscheinlich wären wir jeden Tag wiedergekehrt, doch eine Recherchereise hält einen mit aller Gewalt davon ab, kein Wiederholungstäter zu werden. Doch – wir kommen wieder! Keine Frage!

#### K. U. K. MIT PALMENOPTIK

Wir alle wissen, dass Südtirol einmal zum großen Habsburgerreich gehört hat. Und wenn wir in Meran durch die Gegend promenieren, dann merken wir das auch auf Schritt und Tritt. Hallo Sissi! Hallo Franz! Hallo Johann, du Erzherzog! Meran ist ein Wien, das man mit Bad Ischl und ein paar Palmen in einen Mixer geschmissen hat. Danach hat man die Crème de la Crème dieses Smoothies ins Tal unter ein paar 3.000er gekleckst und nun liegt die Stadt da und jeder ist überrascht, dass sie so elegant, lebendig, inspirierend und gleichzeitig altbacken, arrogant und aus der Mode gekommen sein kann. Das reibt sich und genau das ist spannend.

#### FUNFACT

Meran wird im 80er-Jahre-Hit «One Night in Bangkok» erwähnt:

*Time flies doesn't seem a minute – Since the Tirolean spa had the chess boys in it – All change don't you know that when you – Play at this level there's no ordinary venue.*

*So hip und charmant kannst du nirgendwo besser mit grauhaarigen Großtanten und pfeifenrauchenden Großonkeln um die Wette flanieren.*

JOSEF MAGAZIN

*Eine kleine Auswahl,*
*mit der ihr nichts falsch machen könnt:*

**FÜR DAS BESTE TATAR**
**MIT GUTER WEINBEGLEITUNG**

Schloß Rametz
Labersstraße 4, Meran
*rametz.com*

—

**FÜR GUTE PIZZA & KLASSE ANTIPASTI**

Vinothek Relax
Cavourstraße 31, Meran
*weine-relax.it*

—

**FÜR WAHLWEISE KAFFEE ODER APERITIF**

geht man ins
Caffè Darling in der
Passeggiata d'Inverno 5-9, Meran

**FÜR DAS FRÜHSTÜCKS-**
**BUFFET AM SONNTAG**

Villa Tivoli
Via Guiseppe Verdi 72, Meran
*villativoli.it*

—

**FÜR DIE ZUCKERGOSCHERL**

empfiehlt sich das Café König,
Freiheitsstraße 168, Meran
*cafe-koenig.com*

—

**FÜR BLUMEN, DEKO UND SCHÖNHEIT**
**INMITTEN DER INDUSTRIEZONE?**

Bitte einmal in der
Floralen Werkstatt vorbeischneien
Industriegebiet 8, Lana

# Alles gut, Ottmanngut
# Suite & Breakfast since 1850

IM BÜRGERLICHEN LANDHAUS IN MERAN KANN MAN IN STIL-
BEWUSSTEM AMBIENTE ÜBERNACHTEN, ZUM FRÜHSTÜCK VORBEI-
KOMMEN ODER AN LAUEN SOMMERABENDEN BEI LIVE-MUSIK AN EINEM
ORT DES GANZ BESONDEREN FEINGEFÜHLS VERWEILEN. DIESES HABEN
NÄMLICH DIE KIRCHLECHNERS, DIE DAS FAMILIENHAUS WIEDER
ZU NEUEM LEBEN ERWECKT HABEN. WIR TREFFEN MARTIN AUS
DEM TRIO DER UMGESTALTER UND RENOVIERER.

SÜDTIROL **107**

*Ivo und Martin*

#### IHR HABT DAS OTTMANNGUT ZU DRITT
#### WIEDER ZU NEUEM LEBEN ERWECKT?

Ja, die Renovierung war ein Projekt von meinem älteren Bruder Clemens, meinem Papa und mir. Mein Bruder und ich wollten einfach zu einer aufbauenden und nicht zu einer abbauenden Generation gehören. Unser Ur-Ur-Ur-Großvater hat das Haus ja 1850 gekauft und seitdem ist es in Familienbesitz.

#### WIE HAT DAS LEBEN HIER
#### VORHER AUSGESEHEN?

Ab 1973 haben unsere Großeltern hier übernommen, das verpachtete Restaurant geschlossen und eine Pension mit Vollpension aufgemacht. Bis 2010 war hier eben eine einfache Frühstückspension – die Hälfte vom Haus war privat, die andere Hälfte betrieblich. Dann haben wir mit der Renovierung begonnen.

#### WIE LANGE HABT IHR RENOVIERT?

Geplant waren sechs Monate. Es sind zwei Jahre daraus geworden.

#### WAR ES IMMER SCHON EUER PLAN,
#### IM UND AM OTTMANNGUT ZU ARBEITEN?

Nein, gar nicht. Ich habe in Wien Landschaftsplanung und Wildtierökologie studiert. Und mein Bruder ist eigentlich Arzt und nun auch wieder als Orthopäde tätig.

### DAS HEISST, DU BIST HIER NUN AM RUDER?

Ja, mein Bruder bringt jetzt die Sicht von außen ein. Seit einiger Zeit steht mir aber Ivo zur Seite – und er steht auch viel in der Küche. Meine Mama hilft in der Buchhaltung, der Papa ist der ästhetische Supervisor und ich eben «am Ruder».

### WIE WAR ES DENN, AUS WIEN WIEDER NACH MERAN ZURÜCKZUKEHREN?

Ich habe da unterschiedliche Phasen durchlebt. Ich habe Wien einfach kennen- und lieben gelernt, daher habe ich der Stadt schon nachgeweint. Aber dann sind auch einige Freunde wieder nach Meran gekommen und es hängt halt immer auch an den Menschen, die dich umgeben…

### WORAUF LEGST DU WERT?

Dass alles echt ist. Ich will, dass wir uns hier frei bewegen können – so wie wir halt sind. So ist das auch mit dem Frühstück gekommen; nämlich, dass es kein Buffet gibt, sondern dass es serviert wird. Ich finde, oft herrscht durch ein Buffet viel zu viel Unruhe und es wird unglaublich viel weggeworfen. Heute sind die Leute dankbar, dass sie bei uns sitzenbleiben und sich überraschen lassen können. Das Frühstück ist jetzt wirklich sehr beliebt und es werden auch gerne Gutscheine gekauft, damit man auch als «Externer» vorbeikommen kann. Große Gruppen können wir aber nicht nehmen, damit es nicht zu laut wird.

### WER SIND EURE GÄSTE?

Unsere Gäste sind Genussmenschen mit dem Sinn fürs Schöne.

**EIN FRÜHSTÜCKS-BEISPIEL**

*Hausgemachte Quitten- und Zwetschkenmarmelade mit selbstgemachtem Sauerteigbrot*

*Grau- und Ziegenkäse*

*Bircher-Müsli*

*Pochiertes Ei mit Pfifferlingsragout*

*Kaffee-Eis*

**MARTINS TIPPS**

Der Schnalshuberhof in Algund für die Jause

—

Die Kellerei Nals Margreid

—

Die Wanderung von Kastelbell zur Zirmtaler Alm (mit romantischem Bergsee)

**OTTMANNGUT**

G. Verdistraße 18
39012 Meran
0039 0473 449 656
*ottmanngut.it*

# Unvergleichlich

DIESER AUSBLICK VOM TSCHÖGGLBERG IST AUFREGEND, EINMALIG UND WIRKLICH EIN ERLEBNIS FÜR SICH. MAN NEHME EIN SONNIGES HOCHPLATEAU, ZWEI ÄUSSERST SYMPATHISCHE GASTGEBER UND GANZ VIEL KNOW-HOW IN SACHEN GASTFREUNDLICHKEIT – DIESE SYMBIOSE AUS LUXUS UND NATÜRLICHKEIT HAT EINEN NAMEN: MIRAMONTI BOUTIQUE HOTEL.

## SIE VERSTEHEN

Die beiden Miramonti-Masterminds Carmen und Klaus haben sich in der Hotelfachschule kennengelernt. Man kann es schon erahnen, sie sind Meister ihres Fachs, weil gelernt ist gelernt und dass sie noch dazu Gespür fürs Besondere und Echte mitbringen, ist aller Leute Freud'. Ganz unaufgeregt sorgen sie für ein Hotelerlebnis der ausgeklügelteren Art. Ihnen ist klar: «Wir wollen dem Gast verschiedenste Emotionen bieten, denn diese machen etwas erst unvergleichlich». Laut Homepage ist das Miramonti ein Ort, für den Folgendes gilt: «Persönlichkeit ist wichtiger als Prestige. Lebensgeschichten sind wertvoller als Lebenserfolge. Und herzliche Gespräche zwischen zwei Gleichgesinnten, die sich hier bei uns treffen, mehr wert als alles, was wir materiell je bieten können.» Dem ist eigentlich nichts hinzuzufügen.

Die beiden wissen, dass es wichtig ist, einen echten Rückzugsort zu schaffen. Der Ruheraum ist ganz bewusst offline und es gibt keine Musik. Man wandert zu einem kleinen Natursee hinterm Haus; wer also will, der verzupft sich nach dem Frühstück in den Wald. Das Frühstück selbst lässt mit Saftpresse, Käsevielfalt, Mortadella-Schneidemaschine und allerlei vom Ei keine Wünsche offen. Es gibt Zimmer unterschiedlichster Kategorien, einen Salzwasser-Infinity Pool und einen beliebten Dauergast: Diesen Blick nach draußen. Nach unten. Nach oben. Richtung gestern, heute und morgen. Und auch immer wieder den Blick nach vorne, denn man hört den beiden einfach gerne zu: «Man darf keine Angst haben. Wenn man an etwas glaubt, dann geht extrem viel.»

**ICH GLAUBE**

Im Miramonti könnte man auf den ersten Internet-Blick glauben, dass da eine Kette dahintersteckt oder raffzahnige Hotelmanager. Weil: Wie soll man so etwas nur zu zweit auf die Beine stellen? Schon das Wörtchen Boutique-Hotel verrät, dass hier die Inhaber selbst am Werk sind. Also: Carmen und Klaus sind wirklich und ehrlich für dieses Hotelwunder verantwortlich und betonen trotzdem immer wieder ganz bescheiden, dass sie keine falschen Vorstellungen wecken wollen und dass sie Schwächen halt Schwächen sein lassen. So ist es zum Draußen-Essen auf 1.230 Höhenmetern oft zu kalt. Aber auch damit gehen sie gekonnt um, denn sie weisen die Gäste einfach darauf hin und finden «Uns geht es einfach viel besser, wenn wir sagen, wie es ist.» Und so wie es ist, da muss man die Schwächen eigentlich ja schon wirklich suchen. Finden wir.

### MIRAMONTI
### BOUTIQUE HOTEL

St. Kathreinstraße 14
39010 Hafling-Meran
0039 0473 279 335
*hotel-miramonti.com*

### KLEINER
### TIPP

Eine begrenzte Anzahl von Plätzen ist im Restaurant und auch im Spa für externe Gäste reserviert. Frühstücken, Entspannen und Abendessen in Miramonti-Atmosphäre ist also auch für Nicht-Dort-Schläfer möglich.

# BIS UMMI IN DIE SCHWEIZ

SO EIN WAHRZEICHEN HAT SCHON ANZIEHUNGSKRAFT. DAS MERKT MAN SPÄTESTENS AM RESCHENSEE, DER DAFÜR BEKANNT IST, DASS EIN KIRCHTURM AUS DEM SEE HERAUSRAGT, WEIL VOR DEN ZEITEN DES KÜNSTLICH ANGELEGTEN SEES HIER MAL EINE ORTSCHAFT WAR. DIE MENSCHEN DRÄNGELN SICH IN DIE WEITMÖGLICHSTE NÄHE DES KIRCHTURMS, SCHIESSEN FOTOS UND SIND AUSSER RAND UND BAND, WEIL SIE DAS WAHRZEICHEN VOM VINSCHGAU VOR DER NASE – KORREKTUR: VOR DER LINSE – HABEN. SCHÖN IST ES HIER SCHON, ABER VIELE LEUTE SIND DA.

⌂   Warum man den Vinschgau kennen sollte? Wegen der Waalwege. Wegen Mals und Glurns und den anderen DORFSCHÖNHEITEN! Warum man den Vinschgau kennt? Wegen dem Reschenpass! Wegen dem Vinschgerl! Dabei ist da beim RESCHENSEE wirklich viel los und das Vinschgerl nur ein Fake-Name, der hierzulande gar nicht verwendet wird.

DIESES BILD KENNT MAN: WEIT ÜBER DIE GRENZEN SÜDTIROLS HINAUS

### WANDER-JOHNNY

Für alle Zu-Fuß-Fetischisten gibt es in so einem Südtiroler Tal – angesiedelt zwischen Meran und der Schweiz – natürlich allerhand zu entdecken. Es gibt die ganz urtypischen Waalwege, die entlang von schmalen Wassergräben verlaufen. Diese Wassergräben dienten zur Bewässerung der Felder im Tal und leiten heute den wanderorientierten Besucher zu Erlebnissen und Ausblicken der ganz besonderen Vinschgauer Art. Diese Waalwege sind auch Teil eines noch viel größeren Netzes, nämlich dem Vinschgauer Höhenweg mit 108 Kilometern Länge und vielen unterschiedlich kombinierbaren Etappen.

### RUHIG UND GELASSEN

Gut sind auch die «Alpine Pearls» aufgestellt, die sich dem natürlich sanften Reisen in den Alpen verschrieben haben. Daher wirbt man auch im beschaulichen Mals für einen Urlaub ohne Auto, denn die Vinschgau-Bahn und andere Formen der Mobilität sind für den Gast fleißig unterwegs. Den Radfahrern am Etschradweg kommt das auch zugute und sie freuen sich über das Angebot «Bahn&Bike» samt zahlreicher Stationen zum Ausleihen.

*vinschgau.net*
*alpine-pearls.com*

**DIE SCHÖNHEITEN**

In Glurns, da ist die Zeit nicht stehengeblieben – auch wenn man sich auf den ersten Blick im Mittelalter samt Stadtmauer und Lauben wähnen könnte. Dieser Ort zählt zu den schönsten im ganzen Land und wurde noch dazu mit so grandiosen Läden wie dem Tee-Salon gesegnet. Von Natur aus beeindruckend ist der Ortler (seine Eminenz, der höchste Berg Südtirols). Etwas näher ist man dem imposanten Berg am Stilfser Joch (seines Zeichens höchster Gebirgspass Italiens). Diese kurvenreiche Strecke verbindet die Lombardei mit dem Vinschgau und liegt mitten im Nationalpark. Wir hätten gesagt: Die besten Voraussetzungen für noch eines dieser beeindruckende Vinschgau-Erlebnisse abseits von Reschensee und Vinschgerl-essen.

HOFKÄSEREI ENGLHORN

# So ein guter Käs'!

**BEI ALEXANDER UND SONJA FINDET MAN EINE NIGEL-NAGELNEUE BIO-HOFKÄSEREI UND ALLERHAND KRITISCHES UND BEWUSSTES IM UMGANG MIT DER NATUR.**

*englhorn.com*

*Bei euch ist ja alles ganz neu hergerichtet?*

Ja, wir haben damals Käsegutscheine verkauft, damit wir in die Hofkäserei investieren können. Diese Vorfinanzierungen der Leute werden nach wie vor mit Käse zurückgezahlt.

*Was bedeutet ein Besuch am Englhof?*

Man kann einerseits bei uns Käse in den Sorten Almkäse, Arunda, Rims und Tella kaufen. Andererseits geben wir sehr gern Hofführungen mit anschließender Verkostung samt frischgebackenem Brot und hausgemachten Säften.

*Ihr habt da einen Filmtipp für uns?*

Ja. Schaut euch unbedingt den Film «Das System Milch» an. Wir kommen auch drinnen vor.

**TIPPS FÜRS VINSCHGAU VON ALEXANDER**

Der Gollimarkt in Mals im Oktober

—

Der Goldene Adler in Schleis
*gasthofaquiladoro.com*

—

Der Sonnensteig von Mals nach Schluderns

—

Der Gasthof Gemse im Planeil-Tal
*gasthof-gemse.it*

—

Das Hotel Greif in Mals
*hotel-greif.com*

—

Der Gasthof Weißkugel in Matsch

—

Das Bio-Hotel Panorama in Mals
*biohotel-panorama.it*

# Gut zu wissen

**1**

Der höchste Berg ist der Ortler mit 3.905 Metern.

**2**

*Übersetzung ins Italienische: Alto Adige.*

**3**

SÜDTIROL BILDET ZUSAMMEN MIT DEM TRIENT (TRENTINO) EINE AUTONOME REGION.

**4**

EIN NATIONALPARK (STILFSER JOCH), SIEBEN NATURPARKS.

**5**

DIE DREI GROSSEN HAUPTTÄLER SIND DAS ETSCHTAL (MIT DEM VINSCHGAU, BOZEN UND MERAN), DAS EISACKTAL (BIS ZUM BRENNER) UND DAS PUSTERTAL BIS NACH OSTTIROL.

**6**

Es gibt acht Städte. Die Hauptstadt ist Bozen mit ungefähr 107.000 Einwohnern. Der Haupt-Fluss: Die Etsch.

**7**

Rund 520.000 Einwohner.

**8**

DER HUGO (PROSECCO, HOLUNDERSAFT UND MINERALWASSER) KOMMT AUS SÜDTIROL.

# Friaul

ALPEN UND ADRIA SIND HIER ZUHAUSE. IN DEN BERGEN RUND UM TARVIS GEHT MAN WANDERN UND MONTASIO-KÄSE KAUFEN; IN STÄDTEN WIE TRIEST UND UDINE PULSIERT DAS ITALIENISCHE LEBEN – NICHT NUR BEIM APERITIVO. EIN GEBIET, WO WEINSTÖCKE WACHSEN UND DER SCHINKEN ZUR DELIKATESSE HERANREIFT. EIN GEBIET VOLLER SEHNSUCHTSORTE. DIE BEGEISTERUNG FÜR BESUCHE IM WEINVERLIEBTEN COLLIO, AUF DER SONNENINSEL GRADO ODER AM RUNDUMBLICKENDEN MONTE LUSSARI IST UNGEBROCHEN UND GROSS.

EAT GREET LIVE

← Venetien

P VENZONE
P GEMONA
P SAN DANIELE
SPILIMBERGO

P LIGNAN
SABBI

# FRIAUL

FRIAUL 125

↑ Österreich

Slowenien →

P TARVIS
P PONTEBBA
P UDINE
P
PALMANOVA
P
CIVIDALE DEL FRIULI
P CASTELMONTE
P BUTTRIO
P CORMONS
GRADO
P GÖRZ
P TRIEST
P MUGGIA

# Typisch Italienisch

**KLEINE HELFERLEIN FÜR ITALIEN**

*Buongiorno*
**GRÜSS GOTT/GUTEN TAG**

*Buona sera*
**GUTEN ABEND**

*Buona notte*
**GUTE NACHT**

*Ciao*
**HALLO/TSCHÜSS**

*Arrivederci*
**AUF WIEDERSEHEN**

*Grazie*
**DANKE**

*Per favore*
**BITTE**

*Prego*
**BITTE (GERN GESCHEHEN)**

*Va bene*
**OKAY**

*Scusi*
**ENTSCHULDIGEN SIE**

*Mi dispiace*
**TUT MIR LEID**

*Non fa niente*
**MACHT NICHTS**

*d'accordo*
**IN ORDNUNG**

*Non capisco niente*
**ICH VERSTEHE NICHTS**

*Vorrei*
**ICH MÖCHTE**

*Quanto costa?*
**WAS KOSTET DAS?**

*con/senza*
**MIT/OHNE**

*Il conto per favore*
**DIE RECHNUNG BITTE**

*Mi chiamo…*
**ICH HEISSE…**

*a destra/sinistra*
**RECHTS/LINKS**

*Dov'è…?*
**WO IST…?**

**EIN PAAR PHRASEN, DIE EINEM DAS LEBEN IN ITALIEN LEICHTER MACHEN!**

# RUND UM TARVIS

✳ Beim Start in Richtung Friaul denkt der eine und die andere vielleicht sofort sehnsüchtigst ans Meer. Dabei gibt es vor der Küste einige Stopps, die mindestens genau so gut als *SEHNSUCHTSORTE* funktionieren. So zum Beispiel der Abstecher ins Kanaltal, bei dem man neben Tarvis bitte nicht auf die gute, alte Natur rundherum vergisst.

### IM OSTEN VON TARVIS

Der Herbstwald raschelt – und das nicht nur im Gebüsch. Laghi di Fusine (Fusine Seen) heißt der Ort, an dem das Wasser smaragdgrün daliegt und wo man sich sowohl von See 1 als auch von See 2 in der weithin bekannten, steirischen «Grünen See»-Manier verzaubern lassen kann. Die Magier bei diesem Naturschauspiel sind die Farben, die frische Luft, die Mangart-Berggruppe und die Gletscherkräfte einer längst vergangenen Zeit (also von vor ungefähr 15.000 Jahren). Fürs Verzaubert-Werden lässt man das Auto beim Parkplatz im Ort Scicchizza links liegen und stellt sich voller Vorfreude auf eine fünf Kilometer lange Mini-Wanderung in Wald und entlang des Seeufers ein.

**TIPP**

Eine kleine Belohnung geht immer? In der Edelweiß-Hütte ist mit Sicherheit etwas fürs leibliche Wohl dabei.

## IM SÜDEN VON TARVIS

Wenn man die Regionen dieses Buchs miteinander auch in der Praxis verbinden möchte, dann fährt man am besten einmal schnurstracks über den Passo Predil (Predil-Pass), denn dieser verbindet das italienische Tarvis mit dem slowenischen Bovec. Bei diesem Ausflug kommt man beim Lago del Predil (Predil See oder auch Raibler See) vorbei. Dann bleibt man am besten einmal stehen... und schaut, was man heute gerne machen mag. Am See selbst kann man Kanu fahren oder es sich einfach am Ufer gemütlich machen (bis hin zum Übernachten). Wer Lust auf Wandern hat, der findet zahlreiche Touren in der Umgebung. Hinweis: Sella Nevea, Kanin und Mangart. Die richtige Route findet ja jeder selbst.

**TIPP**

Willkommen im Käse-Paradies namens Montasio-Hochebene! Ihres Zeichens auch gleich die größte Alm der Region Friaul Julisch-Venetien.

## IM NORDWESTEN VON TARVIS

Wo sich die Julischen und Karnischen Alpen mit den Karawanken treffen, da steht der beliebte Monte Lussari. Von dort oben hat man die Berge besonders gut im Aug' und die Wallfahrtsstimmung im Ohr. Nach einer Bewährungsprobe aufgrund neuer Grenzen nach den Kriegen wandern heute wieder viele hinauf; wieder andere kommen mit der Seilbahn angegondelt. Angeblich ist das Verhältnis so: Im Sommer sind die Pilger dran und im Winter die Touristen. Das Schöne am Monte Lussari: Bei dem Ausblick verschwindet sowieso so jede Grenze im Kopf – ganz wie von selbst.

*lussari.eu*

### TIPP

In Tarvis selbst gibt es diesen einen Essenstipp, nämlich das Ristorante Ilija am Golfplatz. Oft probiert und nie schockiert – vielmehr: wir sind begeistert!

*ilijaristorante.it*

# V wie Venzone

Und L wie LAVENDEL. Für diesen ist der 2.000 Einwohner starke Ort bekannt. Aber nicht bloß dafür. Es gibt da ja noch das jährliche Kürbisfest, Antiquitätenmärkte und den mittelalterlichen Ortskern selbst.

Nach der Zerstörung durch das Erdbeben 1976 wurde mittels Unterschriftenaktion sichergestellt, dass Venzone wiederaufgebaut wird; vor allen Dingen «wo und wie es war». So wurden zum Beispiel zur Sanierung des Doms die einzelnen Steine auf Karteikarten registriert und der Dom selbst wurde sogleich zum Symbol des Wiederaufbaus.

**TIPP**

Innerhalb des Mauerrings von Venzone wird man gedanklich immer ein wenig ans Mittelalter erinnert. Beim beliebten Kürbisfest im Oktober gibt es dann aber die ultimative Zeitreise mit Feuerschluckern und Tavernen voller Kürbisgerichte.

#### S WIE SCHLENDERN

Heute spaziert man bei einem Besuch der Lavendelstadt durchs Burgtor hindurch und hinein in Gassen, die das Italiengefühl anheizen. Der obligatorische Besuch im Lavendel-Shop bleibt nicht aus und wird vom Stöbern am Antiquitätenmarkt abgelöst. Mit einem Eis in der Hand schlendert es sich gleich noch besser und beim Kaffeetrinken gibt es Zeit genug, um sich dem Italiengefühl vollends hinzugeben.

# ERHEBEND UND ERBEBEND

# 1976

Ein Erdbeben hatte sein Epizentrum nahe GEMONA. Da ist fast kein Stein auf dem anderen geblieben. Doch das traurige Ereignis hat die Stadt zu einem richtigen Juwel gemacht.

## ALS DIE ERDE BEBTE

Apropos eigene vier Wände – die gab es 1976 fast gar nicht mehr. Denn da überkam ein Erdbeben der Stufe 6,5 die Region. 150.000 Menschen waren obdachlos, viele starben. Darüber kann man viel in dem fein gestalteten Museum erfahren, das frei zugänglich ist.

Wo es garantiert cool ist (auch im Sommer), ist im Duomo Santa Maria Assunta. Wer allerdings kein Problem mit der eigenen Röstung hat, der kann getrost auf das Castello hinaufgehen, von dem man einen wunderschönen Blick auf den flachen Teil des Friaul-Gebiets hat.

Mit einer funktionierenden Klimaanlage und einem mitreißenden Soundtrack sind die paar Stunden von Graz nach Gemona so gut wie nichts. Die Akklimatisierung muss dann allerdings in einem Bruchteil von Sekunden passieren. Nämlich, wenn man im Hochsommer den Wechsel von Auto auf Mittagshitze macht. Mit Hut, Sonnencreme und Abenteuerlust bewaffnet, waten wir im Schneckentempo (Energiesparmodus) durch die Via Bini, an der sich ein Palast an den anderen reiht und Gemona entpuppt sich als ein herausgeputztes gotisches Städtchen, das uns sofort sympathisch ist. Weiters stellen wir fest, dass die Stadt im Siesta-Modus ist. Klar – wer kann bei diesen Temperaturen auch irgendetwas anderes tun, als in der Hitzestarre in den eigenen vier Wänden zu sitzen?

# IN MEINEN FRIAUL-KOFFER PACKE ICH ...

... LEICHTE KLEIDUNG, DIE SICH SCHON EINMAL DARAUF FREUEN KANN, VERSCHWITZT ZU WERDEN. UND GANZ VIELE ANDERE WICHTIG- UND NICHTIGKEITEN, DIE EINEN (SOMMER-)URLAUB IM FRIAUL EINFACH EIN BISSCHEN LEICHTER MACHEN. FINDET, SEHET UND LESET HIER EINE LISTE, DIE BEI WEITEM NICHT VOLLSTÄNDIG IST, ABER ZUMINDEST EINE RICHTUNG VORGIBT.

## SONNENBRILLE

Aber ciao! Wir sind hier in Italien und da müssen wir zumindest nach außen hin so tun, als würden wir dazugehören. Sobald wir den Mund aufmachen, ist's eh aus mit dem Versteckspiel. Dann sind wir sofort als Deutschsprachige enttarnt. Aber solange es geht, können wir ja ein bisschen den Schein wahren und die Sonnenbrille aufhaben.

## KLEINES WÖRTERBUCH / KLEINE APP

«Non parlo italiano» – das sollte nicht dein Motto im Friaul sein. Na klar, du kommst auch mit Englisch beziehungsweise Händen und Füßen durch. Aber viel schöner ist es doch, wenn du dich komplett blamierst und zizerlweise die italienische Sprache anwendest und besser lernst. Üben kann man etwa beim Grüßen, in der kurzen Konversation mit komplett Fremden oder, wenn man bestellt. Polit-Diskussionen solltest du fürs Erste vielleicht auslassen.

## AUTAN UND CO.

Egal, wer oder was die Marke deines Vertrauens ist. Der Mückenschutz muss drauf. Diese Viecher sind einfach allgegenwärtig in dieser Gegend. Und sie saugen dich aus. Im wahrsten Sinne des Wortes. Vor allem in der Dämmerung sind sie besonders stechwütig. Sei nicht geizig mit dem Sprühen. Auch wenn du noch keinen Verdacht hegst, dass hier eine hungrige Mückenkolonie sein könnte, schütze dich! Wenn nicht, wirst du den Rest der Reise rotgefleckt durch die Gegend laufen und wir alle wissen, dass du das im Grunde nicht willst.

## GUTE SANDALEN

Und täglich grüßen die Birkenstock! Gute Sandalen sind das Um und Auf im friulanischen Sommer. Alles, was an Schuhen geschlossen ist, wird nur in einem Schweißbad enden. Unsere Empfehlung geht klar in Richtung bequeme Sandale, weil man mit dem richtigen Fußbett einfach kilometerlang ohne Probleme gehen kann.

## APOTHEKEN-SET

Wir wollen ja nix sagen, aber wer im Friaul reist, der sollte trinkfest sein. Ansonsten kann es zur ein oder anderen Post-Alkohol-Kopfwehattacke kommen. Und die muss man dann schnell unterbinden, denn sonst ist der nächste Tag dahin!

… UDINE

# DAS
# ONE-DAY-WONDER

KANN MAN BRINGEN: WER SICH SEHNLICHST ETWAS ITALIEN WÜNSCHT
UND NUR EINEN KURZEN TAG ZUR VERFÜGUNG HAT. (SIND SIE NICHT IMMER
VIEL ZU KURZ?), DER KANN JA MAL EINE STIPPVISITE BEI UDINE MACHEN.
UND ALLE ITALIEN-BATTERIEN WIEDER AUFLADEN. WIE LANGE
DIESE LADUNG ANHÄLT, IST ABER BIS DATO UNGEWISS.

Von vielen Orten in Österreich ist es quasi ein *KATZENSPRUNG* nach Udine und obwohl es eigentlich so nah an der Grenze liegt, eröffnet sich dort doch eine ganz andere Welt. So wie es sich eben gehört, wenn man nach Italien fährt. Von Ein-Tages Trips aus Deutschland oder der Schweiz raten wir vielleicht eher ab; das *FRIAUL* ist so toll – da nehmt ihr euch am besten gleich ein paar Tage Zeit, um auch wirklich alles zu erkunden!

# Ein Platz, um Italien zu spüren

Egal, was man in Udine vorhat, die Piazza Libertà steht einfach ganz oben auf der Liste der Sehenswürdigkeiten. Hier sollte man auf jeden Fall einmal gesessen und geschaut haben. Denn das gibt hier besonders viel her. Vor allem an einem Samstag sind die Italiener ganz aufgebrezelt und treffen sich mit Kind und Kegel zum Einkaufen und Promenieren. Bei diesem Schauspiel ist man nur zu gerne Zaungast. Was man dabei selbst gerade tut, das ist nebensächlich. Oder zumindest variabel. Entweder es wird ein Kaffee, in welcher Ausprägung auch immer, getrunken (kleiner Fun Fact am Rande: je später der Tag desto weniger Milch sollte Bestandteil des Heißgetränks sein). Oder man entscheidet sich für Variante B, den Alkohol. Das geht bereits ganz gut ab elf Uhr am Vormittag. (Haben wir extra für euch getestet!) Dazu gibt es dann auch im guten friulanischen Stil ein paar Chips und Knabberzeug dazu. Das ist doch ein ausgegorenes, zweites Frühstück, oder? Bevor es dann mit der Shoppingtour weitergeht, sollte allerdings auch der Platz begutachtet werden, der eigentlich für sich allein schon ein Juwel ist. Er wird auch gerne als «schönster venezianischer Platz auf dem Festland» beschrieben. Wir mögen die pastellfarbenen Häuser, die Arkadengänge und die Geschäfte, die ihn ausmachen.

**ZUFALL, DASS UDINE AUF ENGLISCH WIE «YOU DINE» AUSGESPROCHEN WIRD? EHER NICHT, SAGEN WIR UND DARUM KOMMT HIER EINE GANZE RUNDE HAPPA-HAPPA-TIPPS:**

### L'AQUILA NERA
Via Piave 2 – Essen mit sehr gemischtem Publikum
*aquilanera.biz*

### TRATTORIA AI FRATI
Piazzetta Antonini 5 – Sehr urig und gemütlich; mit Terrasse.
*trattoriaaifrati.it*

### OSTERIA AL CAPELLO
Via Paolo Sarpi 5 – allein schon wegen der Hüte, die von den Decken hängen, einen Besuch wert.
*osteriaalcappello.it*

### SHI'S
Viale del Ledra 56 – mal etwas anderes, nämlich eine Sushi-Bar. Heißgeliebt von den Einheimischen.
*shis.it*

### ANTICA OSTERIA AL FAGIANO
Via Antonio Zanon 7 – geführt von diesem Künstler:
*giordanofloreancig.com*

### HOSTARIA ALLA TAVERNETTA
Via Artico di Prampero 2 – zum sofort Wohlfühlen.
*allatavernetta.com*

### FLANIERGANG

Ist man selbst herausgeputzt, dann kann man sich in die wabernden Massen an einkaufswütigen Italienern stürzen. Ist man es nicht, kann man sich zwar hineinstürzen, wird aber zwangsläufig auffallen. Am besten, man geht Richtung Torre dell'Orologio, von dort geht es dann bergauf zur Burg, von der man einen guten Rundumblick hat. An manchen Tagen kann man sogar bis zu den Karnischen und Julischen Alpen sehen. Wenn gerade ein Gewitter aufzieht – so wie in unserem Fall – eher nicht. Schmeißen wir uns doch ins Getümmel und gehen ein bisschen einkaufen! Zum Beispiel ins «La Baita» (Via delle Erbe 1/B), das fast zu platzen scheint vor lauter Käse- und Wurstspezialitäten. Das Stichwort Käse bringt uns auch zur nächsten Station. Gleich gegenüber der alten Fischhalle im «Finati & Petrin» (Via Valvason Erasmo 1) gibt es noch viel mehr Montasio, Mozzarella, Asìno, Caprino oder Formadi. Da kann man sich dann auch noch daheim eine Scheibe vom Urlaub abschneiden. Gleich daneben befindet sich die «Erboristeria Eterea», in der man Kräuter

aus aller Welt kaufen kann. Wer gerne etwas mehr in die Tradition der Udineser eintauchen möchte, schaut bei «Al Confetto» in der Via Gemona 7 vorbei, denn dort gibt es Typisches für Taufe, Hochzeit, Kommunion und andere Feste. Ein paar Meter weiter findet man das Spielzeuggeschäft «Città del Sole», aus dem man fast nicht hinausgehen kann, ohne ein Stöpsel-Mitbringsel oder gar ein Weihnachts- oder Geburtstagsgeschenk gekauft zu haben.

*... und Kaffee haben sie in Udine auch!*

**CAFFÈ BELTRAME**
Via Giovanni Cosattini 16
– probiert die Brioche!
*caffebeltrame.it*

**CAFFÈ CONTARENA**
Via Cavour 1 – Ein Espresso
mit Jugendstil!
*contarena.it*

# Typisches aus dem Friaul

FRIAUL IST EINE GENUSSREGION. ALLEIN WEGEN DER BEWEGTEN GESCHICHTE HAT SICH HIER EINE GUTE MISCHUNG AN ZUTATEN, GERICHTEN UND LEBENSMITTELN ERGEBEN, DIE IN DEN FRIULANISCHEN KOCHTÖPFEN BRODELT, IN DEN ÖFEN DER REGION VOR SICH HIN SCHMORT ODER AUF DEN GAUMEN DER EINWOHNER TÄNZELT. PROBIEREN KANN MAN VIELES. WAS ALLERDINGS AUF DIE TO-TASTE-LIST MUSS, FINDET IHR HIER.

### SAN-DANIELE-SCHINKEN

Der Klassiker, den bei uns auch schon jedes Kind kennt, kommt aus dem friulanischen Örtchen San Daniele, das im wahrsten Sinne einen Speckgürtel an Schinkenproduzenten um sich herum versammelt hat. Er wird gern zum Aperitivo dazubestellt oder als kalte Vorspeise. Echte Fans schaffen es jeden Tag, ihn während des Aufenthalts zu essen.

### MONTASIO KÄSE

Nach einem Bergmassiv benannt, wurde dieser Käse von Mönchen erfunden, die ihn am Fuße eben dieses Massivs und nach uralten Rezepten zubereiteten. Ihn gibt's frisch und alt und er ist immer 8 Zentimeter hoch und hat 6 bis 8 Kilo. Hergestellt wird er aus Kuhmilch und sein Geschmack ist würzig und aromatisch. Als junger Hupfer passt er perfekt zum San-Daniele-Schinken. Eine Liaison von der man sich wohl nie satt essen kann.

### PANCETTA

Das Schwein spielt im Friaul eine große Rolle. Seit jeher hatten die Familien hier ein, zwei Schweine, um sich selbst zu versorgen. Somit hat es auch der Pancetta in die tägliche Küche geschafft und verfeinert Pasta oder Risotto-Gerichte.

### POLENTA

Noch ein «P», diesmal eines, das gerührt, gebacken, gegrillt und gefüllt auftauchen kann. Das Maisgericht wird im Friaul allerorts geschätzt und sollte unbedingt in den unterschiedlichen Zustandsformen und Geschmacksrichtungen probiert werden.

### GUBANA

Früher nur zu Festtagen wie Ostern oder Weihnachten auf dem Teller, ist dieser mit Nüssen, Rosinen und Pinienkernen gefüllte Hefeteig, der in Schneckenform daherkommt, ein Klassiker, der seinen Siegeszug durch ganz Italien angetreten hat.

### FRIULANO

Früher hieß er mal Tocai, doch dieser Ausdruck könnte nur allzu leicht mit «Tokajer» aus Südungarn verwechselt werden. Darum hieß er zuerst Tocai Friulano und seit 2008 ist nur mehr das Friulano übrig. Ein ehrlicher Wein mit guter Seele, der auf jeden Fall verkostet gehört.

### RIBOLLA GIALLA

Weinliebhaber würden die Ribolla Gialla als «autochthone Weißweinsorte» bezeichnen. Da wir uns da nicht so gut auskennen, sagen wir euch einfach, dass die Geschichte der gelben Traube im Friaul schon steinalt ist. Sie geht sogar aufs Jahr 1300 zurück. Ein bisschen ist die Ribolla Gialla schon der «Darling» der Weinverkoster. Schmeckt sie doch herrlich fruchtbetont nach Äpfeln, Zitrus und anderen aromatischen Sachen.

# Prosciutto di San Daniele

## Braucht 13 Monate zum Reifen.

FRÜHER WAR DER WINTER DIE JAHRESZEIT FÜR DIE PROSCIUTTO-HERSTELLUNG.

*Das Mikroklima macht's: Die Winde aus den Alpen und die feuchtwarmen Brisen der Adria sind ausschlaggebend für die gute Reifung.*

10 FESTGESETZTE REGIONEN IN MITTEL- UND NORDITALIEN SIND DAS ZUHAUSE DER PROSCIUTTO-SCHWEINE.

SAN-DANIELE-PROSCIUTTO IST SCHWEINEFLEISCH, MEERSALZ UND SONST GAR NICHTS.

Der Diätplan für San-Daniele-Schweine basiert auf Getreide und Molke.

SEIT 1996 IST DER SAN-DANIELE-SCHINKEN ALS PRODUKT MIT GESCHÜTZTER URSPRUNGS-BEZEICHNUNG (G.U.) ANERKANNT.

## Kein Schweinefleisch aus dem Ausland.

*Pro Jahr werden rund 2,6 Millionen San-Daniele-Schinken produziert.*

DAS «CONSORZIO DEL PROSCIUTTO DI SAN DANIELE» ÜBERWACHT DIE EINHALTUNG DER PRODUKTIONS-VORSCHRIFTEN.

# WIE ERKENNE ICH EINEN ECHTEN SAN DANIELE?

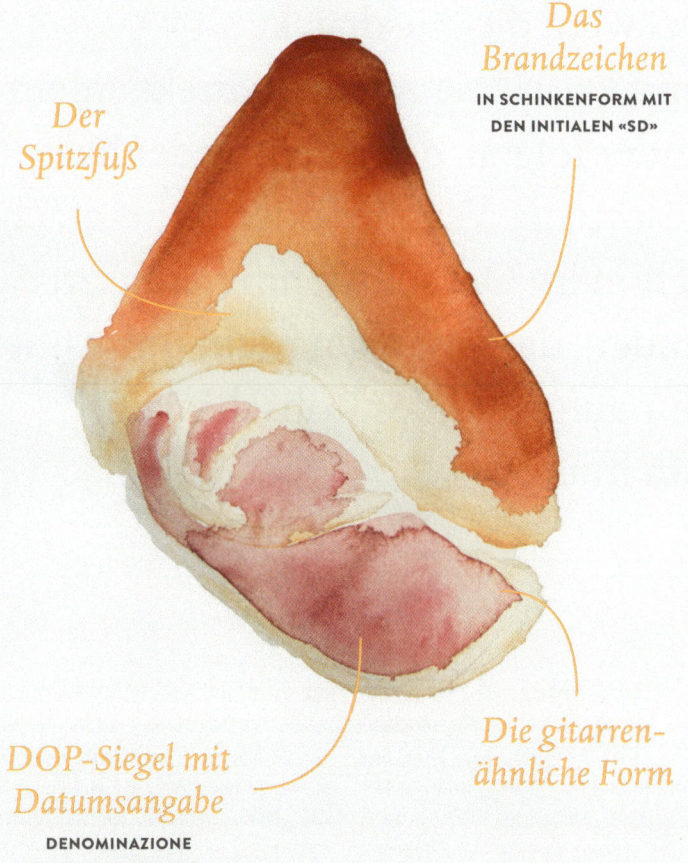

*Das Brandzeichen*
IN SCHINKENFORM MIT DEN INITIALEN «SD»

*Der Spitzfuß*

*DOP-Siegel mit Datumsangabe*
DENOMINAZIONE D'ORIGINE PROTETTA

*Die gitarrenähnliche Form*

*prosciuttosandaniele.it*

# AM HÜGEL VON SAN DANIELE

Bei wem die Ausdrücke SAN DANIELE und PROSCIUTTO nicht direkt aufeinander folgen, der ist entweder hartgesottener Veganer oder war einfach schon im Ort selbst, um herauszufinden, dass man gar nicht unbedingt nur aufgrund des Rohschinkens hin muss.

Wenn der Schinken nicht wär', dann wäre San Daniele ein kleines, beschauliches Städtchen mit dem Untertitel «Cittàslow». Entschleunigt und mit hoher Lebensqualität also. Zweiteres ist ja immer etwas schwer zu kontrollieren, beim Ersteren – also bei der Entschleunigung – tun wir uns schon etwas leichter mit der Beurteilung. In unseren kühnsten und wildesten Vorstellungen hätten wir San Daniele als kleine Touristen-Hochburg mit Bussen voller Besucher gesehen. Aber nix da. Ganz ruhig und gelassen geht es da am Hügel zu. Die Schinken-Liebhaber müssen eh zu den Fabriken und diese sind in der Umgebung und nicht im Ort selbst.

### NUR DIE RUHE

So spaziert man zum Beispiel zur Kirche von Sant'Antonio Abate, um dort «die Sixtinische Kapelle von Friaul» zu betrachten – ohne auch nur von irgendeiner Menschenseele gestört zu werden. Man setzt sich auf die Stufen vor der Kirche und blinzelt in die Sonne. Oder gönnt sich einen Espresso im «Caffè Moderno». Alles ganz schinkenlos. Wenn man diesen dann aber doch vermisst (so wie etwas mehr Trubel), dann kommt man am besten zur «Aria» wieder – dem alljährlichen Schinkenfest im Juni.

*ariadisandaniele.it*

# WENN ICH GROSS BIN, WERD' ICH MOSAIKLEGER

Am Westufer des TAGLIAMENTO spielt sich ganz schön viel ab. Ein Folkfestival etwa. Und dann drückt noch eine ganze Horde an zukünftigen Mosaiklegern die Schulbank in einer der ältesten «Scuole», die sich diesem Thema angenommen haben. Dazwischen isst man fein und genießt die zum JEWEL OF ITALY gekrönte Altstadt.

SPILIMBERGO – EIN ÜBERRASCHUNGSEI, MIT SCHÖNHEIT GEFÜLLT

Ein Borgo nach dem anderen – einer heißt «di Mezzo» und ist mit langen Bogengängen ausgestattet, dann gibt es noch den «Borgo Nuovo» und den «Borgo Vecchio», letzterer hat einen Dom zu bieten. Spilimbergo ist eine Grazie, eine Schönheit, ein Gesamtkunstwerk, wenn man so will. Wir zogen aus, um es zu erkunden, ganz ohne Erwartungshaltung. Lediglich von der Mosaikschule wussten wir, denn die ist ja weit über die Grenzen Italiens hinaus bekannt.

**WIR VERSCHREIBEN: EINEN SPAZIERGANG**

Spilimbergo ist ein Gesamtkunstwerk, am besten man lässt sich – so wie wir – einfach treiben. Für uns war eine der beeindruckendsten Entdeckungen das Castello di Spilimbergo, welches das etwas teure aber empfehlenswerte Restaurant «La Torre» quasi umarmt. Wirklich gestrandet sind wir dann im Ristorante «Da Afro», wo sogar teilweise Deutsch gesprochen wird.

**KLEINE STEINE**

Die «Scuola Mosaicisti del Friuli» ist seit 1922 eine Mosaikschule, deren Meister und Schüler in aller Welt gefragt sind. Die Türen öffnen sich auch für Interessierte, die einfach gerne mal beim Bauen und Setzen über die Schultern der findigen Mosaik-Master schauen möchten. Das Mosaik, das den «Ground Zero» in New York schmückt, wurde zum Beispiel hier kreiert; sowohl Fertigungstechniken als auch Werkstoffe bauen einerseits auf uralter Handwerkskunst auf, strecken aber andererseits ihre Finger auch in Richtung Zukunft. So entsteht etwas nie Dagewesenes.

**TIPP**

Einmal pro Jahr wird Spilimbergo zum Nabel der Folk-Musik.
*folkest.com*

# Zu Gast bei Dario Martina

DIESER MANN KENNT SICH MIT GUTEM ESSEN AUS, IST BEKENNENDER ÖSTERREICH-FAN UND HAT EINEN RIESIGEN GARTEN, DER SEIN LOKAL, DAS «DA AFRO», MIT ALLERLEI FRISCHEN ZUTATEN VERSORGT.

Bei Dario Martina passiert natürlich auch alles im Sinne von «Slow Food» – denn dieser Bewegung hat er sich ebenso verschrieben wie dem Bio-Gedanken.

Außen unauffällig und innen eine Ansammlung voller Köstlichkeiten und Skurrilem. Da ein weißhaariger, bärtiger Mann, der alleine auf seinem Tisch unweit der Bar sitzt und seelenruhig seinen Weißwein schlürft. Dort die Stammgäste, die sich über jeden Neuankömmling freuen. Ein Gastraum, von dessen Decke unendlich viele historische Käfige hängen. Und mittendrin ein Mann – Dario – ohne den das «Da Afro» mit Zimmer, Küche und viel Liebe auf keinen Fall das Gleiche wäre.

*Warum sprichst du denn so gut Deutsch?*

Ach, ich bin ein großer Österreich-Fan und immer wieder bei euch unterwegs. Ich schätze meine Kochkollegen in Österreich sehr und habe viele Freunde dort. Zum Beispiel in Altenmarkt, auf der Burg Bernstein oder in Braunau. Auch in Graz habe ich schon gekocht.

*Was sind deine Spezialitäten hier, die man keinesfalls auslassen sollte?*

Meine Gnocchi sind eigentlich alle sehr gut. Und natürlich Taube! In der Pilzsaison muss man sich unbedingt ein Pilzgericht bestellen, dafür verwende ich dann Wildkräuter aus der Region.

*Hast du selbst ein Lieblingsgericht?*

Ja – Barbalotta. Das ist ein Ball mit Pilzen und Käse. Einfach köstlich!

*Wo ist denn dein Lieblingsplatz?*

Bei mir zuhause im Garten. Dort habe ich einen großen Gemüsegarten, Enten und Tauben. Im «Da Afro» kommt so einiges aus eigener Produktion und ist zu 100 Prozent Bio.

**TIPP VON DARIO**

**GELATERIA
VENIER ARTE DOLCE**
dort unbedingt das Pistazien- und Lakritzeis probieren.
*Viale Barbacane 21*

**DA AFRO**

Via Umberto I° 14
33097 Spilimbergo
0039 0427 22 64
*osteriadaafro.net*

# Ricetta delle Frittelle

**REZEPT VOM «DA AFRO»**

A · PFANNKUCHEN

250 ml Milch
125 ml Wasser
125 g Butter
3,5 Löffel Salz

B · BEIGNET

250 g Mehl
5 Eier
75 g Rosinen
3 Äpfel
7,5 g Backpulver

C · AROMEN

Rum
Orange
Vanille

ZUBEREITUNG

Folgende Zutaten kommen in einen Kochtopf: Milch, Wasser, Butter und Salz. Sie werden zum Kochen gebracht, nach und nach wird das Mehl hinzugefügt. Das Ganze bei ständigem Rühren ungefähr drei Minuten bei kleiner Flamme kochen lassen.

Das Gemisch in eine Küchenmaschine geben (oder in einen anderen Topf, falls man keine Küchemaschine besitzt), die Eier, die Rosinen und die geraspelten Äpfel dazugeben.

Zum Schluss noch das Backpulver hinzufügen, und die Aromen – je nach eigenem Geschmack. Die Mischung sollte ziemlich fest sein. Dann in nicht zu heißem Öl zu Apfelkrapfen herausbacken.

# Bitte zu Tisch!

Im Friaul sind drei Küchen vereint:
die italienische, die slowenische
und die österreichische.

*Daher nicht wundern,
wenn es auch Zwetschen-
knödel oder Spätzle gibt.*

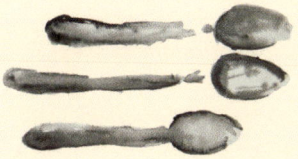

Die Italiener sagen
«Am Tisch wird man nicht alt».

*Daher wird auch gern gut
und lange gegessen. Lass' dir
also Zeit und genieße!*

Espresso und Grappa gehören zum
italienischen Genießen einfach dazu.

*Bitte nicht mit unbedachter
Getränkewahl als Super-Tourist
outen – das wäre doch schade,
jetzt wo du schon so weit
gekommen bist.*

## WIE MAN SICH BEIM ESSENGEHEN
## NICHT ALS TOTALER TOURIST OUTET.

# 6 Dos

**1**

ZUM FRÜHSTÜCK NUR EIN BRIOCHE ODER CROISSANT ESSEN UND KAFFEE TRINKEN: DIESES VERHALTEN BEDEUTET, DASS DU EIN ECHTER KENNER BIST.

**2**

Zu Mittag ein Vitello tonnato bestellen: Meisterhaft.

**3**

Im Ristorante besser angezogen sein als in einer Osteria/Trattoria: Du hast einfach verstanden, wie es geht.

**4**

Am Abend schlemmen: Das ist die Zeit des Tages, zu der die Italiener mindestens zwei Gerichte einnehmen.

**5**

DIE REIHENFOLGE KENNEN: APERITIVO – ANTIPASTI – PRIMO – SECONDO – DOLCE (SÜSSES) ODER FORMAGGIO (KÄSE); WENN DU JETZT NOCH ALS PRIMO ODER SECONDO EIN «BIS» (KOMBINATION AUS ZWEI GERICHTEN) ODER «TRIS» (DREI GERICHTEN) BESTELLST, BIST DU SCHON GANZ WEIT VORNE. GRATULIERE!

**6**

WER ZWISCHEN 14 UND 19 UHR VOM HUNGER NIEDERGEKNEBELT WIRD, DER FRAGT GEKONNT NACH PANINI UND TRAMEZZINI: MAN KANN DIR NUN EIGENTLICH NICHTS MEHR BEIBRINGEN.

# 5 DON'TS

**1**

Zum Tisch rennen: Man wartet für gewöhnlich, bis man einen Tisch zugeteilt bekommt. Anfängerfehler!

**2**

HINSETZEN UND SPEISEKARTE STUDIEREN: MAN BEEINDRUCKT MIT DER FRAGE: «WAS GIBT ES HEUTE?» BZW. «WAS EMPFEHLEN SIE MIR?»

**3**

«IL COPERTO» BEANSTANDEN: ES IST SO SICHER WIE DAS AMEN IM GEBET, NÄMLICH DASS MAN FÜR BROT UND GEDECK EINEN KLEINEN BEITRAG NAMENS «COPERTO» BEZAHLT; DIE IDEE, DAS BROT EINFACH ABZUBESTELLEN, IST EINE SCHLECHTE IDEE.

**4**

TRINKGELD: MUSS MAN NICHT UNBEDINGT GEBEN, DENN DER SERVICE IST IM PREIS INBEGRIFFEN. ABER HIER DARFST DU NACH BELIEBEN EINE AUSNAHME MACHEN.

**5**

Getrennt bezahlen: Wer sich gern unbeliebt macht, der verlangt nach separaten Rechnungen.

# WENN DER TEUFEL BRÜCKEN BAUT

EINE STADT ZUM LEBEN, ZUM LACHEN UND ZUM LOSLASSEN. EIN MUST-SEE IST DIE BRÜCKE, DIE DIE EINWOHNER ANGEBLICH MIT UNTERSTÜTZUNG DES TEUFELS ERBAUT HABEN. EINE LEISTUNG IST DAS ALLEMAL – DENN DAS SÜDLICHE EINGANGSTOR DER STADT ZIEHT SICH ALS GRAUE, NICHT ENDEN WOLLENDE GRAZIE DURCH DEN GRÜN BEWALDETEN FRIULANISCHEN URWALD.

**ENOTECA DA FEO**
Gutes Essen und Trinken.
*Via Adelaide Ristori 29*

**CAFFÈ SAN MARCO**
Ein schönes altes Café für den guten Start in den Tag oder den Aperitivo zwischendurch.
*Largo Boiani 7*

**ALIMENTARI SCUBLA**
Spezialitäten & Lebensmittel, man kann sich auch gut und gerne beraten lassen.
*Corso Giuseppe Mazzini 33*

**ENOTECA ELEFANTE**
Einfach und gut. Weine und Antipasti.
*Piazza Paolo Diacono*

**ORSONE**
Das Lokal von der in Amerika sehr bekannten TV-Köchin Lidia Bastianich (inklusive Hamburgueria).
*Via Darnazzacco 63*

Den besten Blick auf die Brücke erhascht man übrigens vom «Belvedere sul Natisone», einem kleinen Park am Südende der Brücke. Wir haben da diesen Ausblick von der Brücke auf das wild bewachsene Ufer des Natisone, das natürlich von den Bewohnern auch gern für Freizeitaktivitäten aller Art ge- und missbraucht wird. Welches Cividale-Wissen man noch im Gepäck haben muss: Man sollte die Stadt keinesfalls verlassen, ohne den «Gubane» (den Hefeteigkuchen) probiert zu haben. Den kann man ja am besten in einem der Cafés aus unserer Auswahl essen, bevor, während oder nachdem man die hübsche, kleine, mittelalterliche Stadt durchkämmt hat.

# CASTELMONTE

**TIPP**

FÜR DAS FESTESSEN DANACH FÄHRT MAN IM AN-
SCHLUSS AM BESTEN IN DIE TRATTORIA «SALE E PEPE»,
WO MAN UNBEDINGT DIE SALAMI KOSTEN SOLL.
VIA CAPOLUOGO, 19, 33040 STREGNA

Am besten, man kommt am Abend vorbei und hat sich über den Tag verteilt noch ein bisschen Schmalz für die Wadeln aufgehoben. Denn vom Parkplatz aus geht es doch noch ein paar strapazierende Schritte zum Kapuzinerkloster samt Wallfahrtsort hinauf. Auf 618 Meter Höhe blickt man dann auf die Julischen Alpen bis nach Slowenien hinein und genießt eine Aussicht, so unberührt und überwältigend, wie man sie eher in Thailand erwarten würde. Zwischendurch glitzern doch Zeichen der Zivilisation zwischen dem dichten Wald heraus. Ein Fest für Fotografen!

# Des Kaisers einstiger Kirschgarten

EIN BISSCHEN MINI-TOSKANA, EIN BISSCHEN EHEMALIGER OBSTGARTEN
DER MONARCHIE UND GANZ VIEL LIEBE AUF DEN ERSTEN BLICK – DER COLLIO
BEGEISTERT BEIM WANDERN, LAUFEN, WOHNEN UND WEINTRINKEN.

Von Cormòns fährt man die Via Subida rauf nach Zegla und ja, ein bisschen fühlt es sich dort an, wie das Ende der Welt, aber dann auch wieder wie der Ursprung. Denn «fruchtbar» ist hier das Stichwort, das sowohl Gegenwart als auch Vergangenheit prägt. Flashback: 100 Jahre zurück. Der Collio war eines der südlichsten Kronländer des Habsburgerreiches und mit seinem milden Klima schon immer ein Ort für Wein. Doch nicht nur die Reben konnten hier was erleben, sondern auch Zwetschken, Marillen, Pfirsiche, Oliven, Feigen, Maroni und vor allem die Kirschen. Der Umschlagplatz für diese

bunte Vielfalt war dann natürlich das verkehrsgünstig gelegene Cormòns. Ein Ende fand die Kirsch-Hoch-Blüte dann leider mit der Trennlinie, die sich plötzlich, nach dem Ersten Weltkrieg, durch das Gebiet zog und den Collio von der Brda trennte. Nun war Rom der Chef und dieser war nicht so an den Kirschen aus dem Norden interessiert. Somit war der Weg frei für eine der besten Weißweinregionen Italiens.

### MIT DER KIRCHE UMS KREUZ

Naja, wir fahren weiter, vorbei an der kleinen Chiesa del Crocefisso della Subida. Subida – ein Stichwort, das man sich dick und fett markieren sollte fürs gute Essen und das erholsame Schlafen im vermeintlich kleinen, heimeligen

Bauerndorf, das sich dann als sehr, sehr stilvoll und kosmopolit entpuppt. Auf einmal wird die Landschaft weiter und der Blick auf Zegla wird frei. Ganz oben thront auch schon das slowenische Dörfchen Plešivo. Malerisch. Man möchte nicht mehr weg. Und zum Glück muss man das auch nicht, denn das Appartement bei Renato Keber mit Rundumblick ins Grüne wartet schon. Am Abend sitzen wir auf der Terrasse und beobachten die Welt beim vermeintlichen Untergang in Form eines Collio-Gewitters. In der Früh wird ein Morgenlauf an die Grenze unternommen, der uns zusätzlich zu den schönen Aus- und Einblicken, etwa auf die kleinen, hellrosa Häuser mit pastellgrün gestrichenen Fenstern, umrankt von Rosen, Weinreben und Oliven auch ein paar Mückenstiche einbringt. Aber die nehmen wir gern in Kauf.

**TIPPS**

**WEIN KAUFEN**
bei Edi Keber oder Familie Sturm.

—

**SCHLAFEN IN DEN APPARTEMENTS**
von Renato Keber: dort gibt es zum Frühstück auf der Terrasse immer hauchdünn aufgeschnittenen Prosciutto und in den Zimmern eine Dusche, die sich anfühlt wie ein Spaceshuttle.

—

**WANDERUNG MIT PICKNICK**
durch die Weinberge bei Cormòns.

# EIN GUTER MIX

MAN STELLE SICH EINE ITALIENISCHE GEMEINDE VOR, WO SICH UM ACHT UHR MORGENS DIE WEINBAUERN ZUM KAFFEETRINKEN TREFFEN, WO FREITAG MARKTTAG UND WO DER SONNTAG NOCH HEILIG UND DER KIRCHGANG PFLICHT IST. WILLKOMMEN IN CORMÒNS – DER KLEINEN HAUPTSTADT DES COLLIO.

Bis zum Zerfall der Monarchie in 1918 gehörte Cormòns zu Österreich. Davon zeugen zum Beispiel die noch bis heute bestehende Bäckerei mit Maria-Theresien-Konzession oder das Fest, das bis vor einigen Jahren zum Geburtstag von Kaiser Franz Joseph abgehalten wurde. Außerdem gäbe es da noch den Habsburger-Stil der Gemeinde selbst oder die «Società Cormonese Austria», die sich darum bemüht, die gemeinsame Geschichte nicht in Vergessenheit geraten zu lassen.

### ITALIENISCHES LEBENSGEFÜHL

Heute ist das Leben in Cormòns nach eigenen Aussagen der Einheimischen von Gelassenheit, Gemütlichkeit und Genuss geprägt. Jeder hat seinen Käsehof, seinen Schinkenproduzenten, seinen Salamihersteller und seinen Gemüsebauern, auf den er oder sie schwört. Die Gesprächsthemen ranken sich oft um Wein, Essen, Autos und bei den Männern ganz typisch auch um Frauen. Man trifft sich, um Feste zu planen und auszurichten. Und natürlich werden auch die Traditionen hochgehalten und so darf eine «merenda» (Jause) am Ostermontag und bei Freunden im Jahresrhythmus zum Beispiel nicht fehlen.

### VON DEN EINHEIMISCHEN LERNEN

Man trinkt die Weine von Raccaro (*raccaro.it*), den Kebers (*renatokeber.com* & *edikeber.it*) oder Princic. Man spaziert immer wieder mal den Monte Quarin hinauf, um von dort den Ausblick zu genießen. Das kann man übrigens gut nachmachen: eine Dreiviertelstunde braucht man ungefähr, um oben angekommen (und an guten Tagen) das Meer glitzern zu sehen. Und wenn man wirklich von den Einheimischen lernen will, kratzt man all seine Italienischkenntnisse zusammen und setzt sich zu den Locals in die Enoteca am Hauptplatz. Dann bekommt man das Collio-Feeling so richtig mit.

**TIPPS DER LOCALS**

**ESSEN & TRINKEN**
Nonno Lince: Hausmannskost wie
Schweinsbraten, Würstel oder Frittata
am Freitag, Samstag und Sonntag
Località Pradis 19
*nonnolince.it*

Schloss Spessa Wine Resort:
guter Tipp für Weinverkostungen
Via Spessa 1
*castellodispessa.it*

**VERANSTALTUNGEN**
Fiesta da Viarte; für gewöhnlich
am dritten Sonntag im Mai
*fiestedaviarte.org*

**SPAZIEREN**
Im Wald Plessiva
(«Bosco Plessiva»)
spazierengehen

**EINKAUFEN**
Der Käse von Zoff
Via Parini 18
*borgdaocjs.it*

Der Schinken von Osvaldo
Via Dante 40
*dosvaldo.it*

**LESEN**
Die Bücher von Hans Kitzmüller

**WOHNEN**
Ganz nah dran am Weinberg:
Azienda Agricola Renato Keber
Località Zegla 15

Berühmt: Wohnen in der beliebten
La Subida (Country Resort) bei Sirks
Via Subida 52
*lasubida.it*

# Viel Wein, viel mehr Freunde

DIE ENOTECA IN CORMÒNS IST EINE INSTITUTION UND EIN WOHNZIMMER ZUGLEICH. WENN DER HAUPTPLATZ DER STADT EIN GOLDENER RING IST, DANN IST DIESE WEINBAR DER GLITZERNDE BRILLANT, DER NIEMALS AUFHÖRT ZU STRAHLEN. DENN WEIN, SPASS, FREUDE, PROSCIUTTO, KÄSE UND OLIVEN GIBT ES GENUG. ALLES IST AUS DER REGION. UND MINDESTENS ABENDFÜLLEND.

*Wie jetzt? Ist es nicht logisch, sich zusammenzuschließen, um gemeinsam stärker nach außen hin auftreten zu können?*

Das ist für euch vielleicht so, aber hier in Italien schaut jeder gern auf sich selbst. Hier ist man nicht so offen, teilt nicht so gerne seinen Erfolg mit anderen. Umso schöner ist es, dass man das hier geschafft hat und zehn Weinproduzenten in der Kooperative mit dabei sind. All ihre Weine kann man hier in der Enoteca verkosten und eben auch trinken und kaufen.

*Salve Elena! Erzähl uns doch bitte mal von der Enoteca Cormòns!*

Eigentlich liegt der Ursprung der Enoteca wie so oft bei einer Frau: Vittorina Guerra war in den 80er-Jahren in die Landwirtschaft involviert und hat gemeint, dass sich die Produzenten hier in der Gegend zu einer Vereinigung zusammentun sollten. 1984 haben 40 von ihnen das dann gemacht. Ihr müsst wissen, dass das für Italien etwas ziemlich Ungewöhnliches ist, ja eigentlich einzigartig. Die Enoteca hat dann schlussendlich 1990 geöffnet und war seitdem nie mehr geschlossen. Außer dienstags. Haha!

*Also ist die Enoteca so eine Art Treffpunkt für die Leute hier und wahrscheinlich auch eine Anlaufstelle für Touristen?*

Oh ja – so ist es. Bis vor zehn Jahren war hier auch noch wirklich eine Touristeninformation untergebracht. Jetzt ist sie das eigentlich auch noch, aber eben nur inoffiziell. Wir haben aber alle relevanten Prospekte, Folder und Infos vor Ort. Also nur auf einen Prosecco hereinspaziert, um den Tag im Collio zu planen!

*Was ist das Weinmotto der Enoteca?*

Wir haben Weine von berühmten und weniger berühmten Winzern im Angebot. Prinzipiell öffnen wir jede Flasche für Verkostungen. Momentan haben wir 34 verschiedene Pinot Grigio offen. Wir schütten allerdings nichts weg, bei uns wird alles weggetrunken.

*Und welcher Wein geht am besten?*

Das kann man so nicht sagen. Natürlich immer der, den wir gerade empfehlen, denn auf diesen sind die Leute besonders neugierig. Was ich in den Jahren, die ich hier arbeite, gelernt habe, ist, dass man außerdem nicht sagen kann, was «der beste» Wein ist, denn die Geschmäcker sind einfach so verschieden. Ich habe gelernt, wie wichtig es ist, ein Gespräch mit meinen Kunden zu führen, um den für die Person besten Wein empfehlen zu können.

*Was sollte man denn probiert haben, damit man eine Ahnung bekommt, wie Wein im Collio schmeckt?*

Naja, typisch sind der Friulano, die Ribolla Gialla und Malvasia.

*Und was passt da gut dazu?*

Wir haben immer einen Prosciutto in der «Arbeit» – und hier variieren wir. Entweder schneiden wir einen aus San Daniele auf, oder einen aus Sauris, oder den von Osvaldo aus Cormòns. Als vierte Option hätten wir jenen aus dem Karst bei Triest.

**TIPPS VON ELENA ORZAN**

**ITALIAN SCHOOL OF VINE PRUNING**
«Die Zahnärzte für den Weingarten»
An den eigenen Winzerskills arbeiten, das kann man hier. Alte Tradition trifft neue Erkenntnisse.
*simonitesirch.com*

**LA SUBIDA**
Ich liebe dieses Restaurant einfach!
*lasubida.it*

**DIE OSMIZE EXPERIENCE**
Wenn wir uns etwas gönnen wollen, dann fahren wir mit unseren Freunden in die Gegend von Triest und lassen uns simpel aber gut mit Wein und Selbstgemachtem verwöhnen.

**DIE ENOTECA IST DIREKT AM HAUPTPLATZ VON CORMONS, DIE KANN MAN NICHT VERFEHLEN!**
*enoteca-cormons.it*

# Try just a Schluck

ELENA ORZAN

# Agriturismo

**SCHON EINMAL ÜBERLEGT, NICHT INNERHALB VON FÜNF MINUTEN BEI DER NÄCHSTBESTEN HOTELBUCHUNGS-PLATTFORM ZU BUCHEN, SONDERN STATTDESSEN NACH EINEM URLAUB AM BAUERNHOF AUSSCHAU ZU HALTEN?**

*Warum du das tun solltest? Bei der richtigen Anwendung, gibt es allerhand Vorteile für dich.*

### DIE VIELEN VORTEILE EINES URLAUBS AM BAUERNHOF

1  Näher kommt man an die Einheimischen eigentlich nicht ran, als gleich bei ihnen zu wohnen. Und sie geben gerne Auskunft und rücken Insider-Tipps raus.

2  Greif' beim Frühstück zu den hausgemachten Marmeladen, Ölen etc. und freu' dich über Regionalität, Ehrlichkeit und die richtige Saison am Teller.

3  Geschenke für Zuhause? Du bist bereits an dem Ort, wo etwas produziert wird, also lass' dich inspirieren.

4  Freu dich jeden Tag aufs Neue darüber, dass du gute Qualität zu einem guten Preis bekommst.

5  Zumeist wohnst du bereits in einer Landschaft, zu der du sonst im Rahmen eines Ausflugs aufbrechen müsstest.

6  Die Kleinen freuen sich über Haustiere und eine Landwirtschaft zum Entdecken und Erkunden.

7  Die Familien sind routiniert und lassen dir natürlich deine Ruhe, wenn du sie willst. Also keine Angst, dass dein Privatleben beim Urlaub am Bauernhof leiden muss.

8  «Last but not least»: Urlaub am Bauernhof bedeutet sicher mehr Abenteuer als ein «normaler» Hotelaufenthalt. Die Anreise (ohne Rezeption), die Kommunikation mit Händen und Füßen (wenn das Italienisch schon mal besser war) und und und sind sicher näher dran am echten Leben als anonyme Zimmernummern.

*Unsere Meinung!*

## Trattoria Al Parco

*in Buttrio*

Das «Al Parco». Im Sommer sitzt man auf der Terrasse in einem kleinen Park (mit altem Baumbestand) und fühlt sich wohlig eingehüllt vom italienischen Getratsche rundherum. Ja, genau! Die Einheimischen sind dort! Im Winter sitzt man drinnen wahrscheinlich auch sehr gemütlich, aber das haben wir noch nicht ausprobiert. Ausgestattet mit Fogolar (offener Feuerstelle) und ganz viel Wissen über echte friulanische Speisen ist hier der Ort, wo man sich mit Hirsch-Carpaccio, Grillfleisch der Klasse «fantastico» oder einem Risotto mit Entenfleisch anfreunden kann. Oft passiert im «Al Parco»: Aus der Freundschaft wurde Liebe.

Via Stretta 7
33042 Buttrio
0039 0432 674 025

## Trattoria Al Cacciatore

*in Cormòns*

Die Familie Sirk hat dort am Weg zwischen Cormòns und Collio-Weingebiet einiges auf die Beine gestellt. Man kann in der «La Subida» wunderschön wohnen und in der Trattoria und Osteria wunderbar essen. Die Auszeichnungen fürs Restaurant am besten selber nachrecherchieren. Auch hier bei den Sirks spielen der friulanische Fogolar sowie traditionelle Gerichte eine Hauptrolle und das freut nicht zuletzt den Besucher. Parmesan-Lollipops, Polenta-Variationen und hausgemachter Essig sind nur Auszüge aus dem wunderbaren Stück, das an der Adresse Via Subida 52 bereits in vierter Generation aufgeführt wird. Sirk ist sehr bekannt, so auch für die regionalen «Primi»-Hits (also den ersten Gang bitte nicht auslassen).

*«Nothing happens until it is dreamt first.»*
… denkt man sich bei Sirk.

Via Subida 52
34071 Cormòns
0039 0481 60 531 / 0039 0481 62 388
*lasubida.it*

# Osteria della Ribolla

*in Corno di Rosazzo*

Der Name erinnert an Ribolla Gialla und das soll er auch. Denn die Osteria befindet sich am gleichen Anwesen wie die Weinkellerei «Eugenio Collavini». Daher ist vorzügliche Weinbegleitung zum regional angehauchten Essen garantiert. Schinken (mit Kren!), Pilze, Orecchiette, und Co. werden ebenso serviert wie die friulanische Jota (eintopfähnliche Suppe) oder Meeresfrüchte. Und einer darf natürlich auch wieder nicht fehlen: Der echt typische «fogolar» für die Fleischgerichte, die nach einer herrlichen Sommergrillerei schmecken.

Via Forum Julii 2
33040 Corno di Rosazzo
0039 0432 759 753
*collavini.it/ospitalita.htm*

**LASS' UNS AUSGEHEN!**

VINO

## IM LAND DER FEINSPITZE

Die Friulaner sind ja für ihre Affinität zu gutem Essen und Trinken bekannt. Ich juble beim Gedanken an Prosciutto di San Daniele oder Ribolla Gialla aus dem Collio. Dabei sind die beiden die Pop-Stars unter den Genuss-Hits. Wenn man erst einmal damit anfängt, sich mit der Kulinarik der Region auseinanderzusetzen, dann tun sich da ungeahnte Möglichkeiten auf. Das Risotto schmeckt so echt nach Italien und Tradition, dass mir die Gänsehaut aufsteigt. Beim Weinverkosten explodiert in mir die Sonne des Südens und ich bin den Tränen nahe. Warum kann es nicht überall so sein, dass das kleine Wörtchen Genuss einmal richtig großgeschrieben wird?

*Friaul, I love you!*

## SAUFEN UND FRESSEN

*Wir rollen heim!*

Ein Gelage ist das hier. Geht das Essen denn niemals aus? Und dann erst dieser überirdische Weinkonsum. Als würde sich jede Flüssigkeit, sobald sie aus der Flasche herausrinnt, hier im Friaul automatisch in Wein verwandeln. Ist ja alles schön und gut, aber irgendjemand sollte auch immer mit dem Auto fahren und wer noch den letzten Funken Prinzipien in sich hat, der tut das nicht angetrunken. Die Frage ist nur: Wann ist man das in dieser Gegend nicht? Wer es außerdem schafft, einen Kalendertag abzureißen, ohne das obligatorische Blatt Prosciutto dazu, der hat gewonnen. Und wenn's dann nur bei einem bleiben würde...

# Alle Wege führen zu Zamò

COLLIO ORIENTALI HEISST DAS GEBIET, IN DEM DIE FAMILIE ZAMÒ IHRE WEINE GEDEIHEN UND REIFEN LÄSST. RIBOLLA GIALLA, FRIULANO, PINOT GRIGIO UND MEHR LAGERN IN DEN FÄSSERN UND WARTEN AUF DIE GLÄSER VON WEINLIEBHABERN AUS ALLER WELT. DAS VERHÄLTNIS: 40 PROZENT ROTWEIN UND 60 PROZENT WEISSWEIN.

*Liebe Brigitte, du bist ja eigentlich aus Innsbruck. Wie hat es dich hierher verschlagen?*

Also man könnte sagen, ich habe den Wein von diesem Weingut getrunken und da er mir so gut geschmeckt hat, wollte ich dieses Weingut einfach haben. So habe ich den Winzer geheiratet, um an der Quelle zu sitzen.

*Wie würdest du Friaul oder die Gegend hier beschreiben?*

Ich finde es beeindruckend, dass es vom Meer bis zu den Bergen einfach alles gibt. Du kannst Mittagessen in Tarvis und Abendessen in Grado. Außerdem gibt es für jeden etwas: Die Jungen fahren zum Beispiel nach Lignano und wir Alten eben nach Grado. Oder sagen wir: Das reifere Publikum …

*Wie ist es überhaupt dazu gekommen, dass ihr hier Wein macht? Was ist eure Geschichte?*

Mein Schwiegervater Tullio hat 1978 mit fünf Hektar begonnen – aber nur als Hobby. Das Hauptgeschäft der Familie waren Möbelfronten für die Küchenindustrie. Seine Söhne Pierluigi und Silvano haben dann mit beidem weitergemacht und das Weingut auf ungefähr 60 Hektar vergrößert.

*Und der Standort war auch immer schon hier?*

Bis 1998 nicht. Das alte Bauernhaus musste erst renoviert werden. Das haben wir gemacht und somit sind die Büros und der Verkostungsraum heute hier, wo auch unser Zuhause ist.

*Woher kennt man euer Weingut?*

Viele kennen uns, weil man den Wein bei «Eataly» kaufen kann. Dieses Konzept für den «Supermarkt der Köstlichkeiten» stammt von Oscar Farinetti und es gibt bereits mehrere Filialen auf der ganzen Welt. Außerdem waren wir 2002 der beste Weißwein Italiens im Gambero Rosso. Dieser Wein war innerhalb eines Monats ausverkauft.

*Und wer kommt zu euch einkaufen?*

Es kommen zum Beispiel Amerikaner vorbei, die in den USA den Wein getrunken haben. Dazu muss man wissen: In Märkten gesprochen ist unser Hauptmarkt Italien mit Mailand, Rom, Rimini etc. Dann kommen Amerika und Japan. Obwohl das eh lustig ist, weil in Amerika kennt niemand das Friaul, sondern nur die Ortsbeschreibung, dass wir in der Nähe von Venedig sind. Und es kommen gerne die Österreicher und rufen für Verkostungen an.

*Wie kann man sich einen Besuch bei euch so vorstellen?*

Für eine Verkostung sollte man vorher anrufen und sich anmelden. Von zwei bis

30 Personen hatten wir schon alles da. Zum Essen kann man eine Jause dazubuchen: mit Prosciutto von Osvaldo aus Cormòns und mit hausgemachter Salami.

*Wie sind die Friulaner denn eigentlich so?*

Sie arbeiten sehr viel und sind sehr tüchtig. Jeder geht ein bisschen so seinen eigenen Weg. Und in ganz Italien ist bekannt, dass sie gerne trinken (nicht saufen!). Aber es stimmt schon: Im Friaul schafft man keinen Tag ohne Alkohol – das ist durchaus typisch.

*Und wie ist eure Beziehung zu Triest?*

Das ist ganz lustig: Einer aus Triest wird immer sagen, dass er Italiener ist und kein Friulaner. Und es gibt halt so Witzeleien über die Triestiner, nämlich, dass sie schon ab Februar braungebrannt sind und im Gegensatz zum hart arbeitenden Friulaner das Leben viel zu leicht nehmen. Aber solche kleinen Neckereien kennt man ja von überall, oder?

*Zusammengefasst, du bist sehr gerne hier?*

Ich lebe seit fast 30 Jahren im Friaul und habe nie Heimweh gehabt. Ich liebe es, bei Tarvis wandern zu gehen oder an guten Tagen von hier aus bis zum Meer zu sehen. Ich bin also wirklich sehr gerne im Collio d'Orientali zuhause.

… FRIAUL 189

# Geschmack ist immer persönlich

BRIGITTE ZAMÒ

**BRIGITTES TIPPS FÜR
DIE UMGEBUNG VOM WEINGUT**

Die Aussicht vom alten Benediktinerkloster gleich in der Nähe vom Weingut.

—

«Ronchi di Sant'Egidio» (Agriturismo und Restaurant)
*ronchisantegidio.it*

—

«Le Badie» hinter der Abtei. Dort gibt es Hausmannskost, einen super Blick aufs Friaul und saisonale Speisen.
*lebadie.com*

Das «Elliott» in Manzano mit schöner Terrasse, Wellness und gutem Essen.
*elliothotel.it*

—

«Al Campiello» in San Giovanni al Natisone. Bekannt für die gute Fischküche und mit einer lieben, angrenzenden Osteria.
*ristorantecampiello.it*

*«Ich liebe im Friaul das Zusammenspiel aus Bergen und Meer.»*

### ECHT TYPISCH!

Am 11. November ist Martinstag und da treffen sich die Familien zum Kastanienessen und Ribolla Gialla trinken. Der Ribolla Gialla ist dann noch wie ein Schaumwein, also wie ein sogenannter Sturm.

### LE VIGNE DI ZAMÒ

Via Abate Corrado 4
33044 Rosazzo
0039 432 759 693
*levignedizamo.wine*

# TUTTOGAS
# AM SANDSTRAND

Man nehme ein flaches Sumpfgebiet mit goldenem Strand, füge ein paar Hotels und Appartementhäuser hinzu und streue ein paar feierwütige Österreicher aller Altersgruppen darüber. ALLORA – we proudly present Lignano aka Litschi.

Ein Schmelztiegel ist es, dieses Lignano, das gerne mit Bibione und Jesolo in einen Topf geschmissen wird. Dabei hat es wieder einen ganz eigenen Charakter im Vergleich zu den westlicheren Cousins an der Adriaküste. Natürlich ist das Erste, was einem dazu einfällt, dass es «easy» ist. Man ist gleich dort, findet schnell eine Unterkunft und einen Strandplatz, kommt eigentlich sogar mit Deutsch aus und kann sich eben ganz «easy» an der Mündung des Tagliamento amüsieren. Aussprechen ist auch leichtgemacht, denn «Litschi», der Spitzname Lignanos für die selbsternannten «Insider», geht leicht von den Lippen.

### PARTY PARTY PARTY

Nach dem Weihnachtsmann und Halloween hat es noch ein anderes amerikanisches «Kulturdenkmal» über den großen Teich geschafft. Der sogenannte «Springbreak» ist bis an das Ufer von Lignano gerudert und macht jetzt zu Pfingsten einen Eindruck, der sehr kontrovers ist. Die einen finden es lustig, die anderen abscheulich und wieder andere – wie die österreichische Tageszeitung «der Standard» – sagen «Degeneration der westlichen Kultur» oder «fröhliches Frühlingserbrechen» dazu. Viele, die zu dieser Zeit an die adriatische Goldküste fahren (denn das bedeutet der Beiname «Sabbiadoro» eigentlich), sehen es als die Partymöglichkeit, kurz bevor der Sommer in Österreich losgeht. Dazu gibt's quasi gratis noch einen Sonnenbrand. Alle, die sich nicht in dieses Getümmel schmeißen möchten, sollten um Pfingsten einen Bogen um Lignano machen.

### TUTTOGAS

Mit diesem Schlachtruf kommen sie in die Stadt und machen diese des nächtens unsicher. In Discotheken wie dem «Mr. Charlie» oder dem «Kursaal» treffen sich die Touris und die Einheimischen, die quasi aus dem ganzen Friaul herbeiströmen. Somit unser Tipp – einfach mit einem Aperitivo in der Bar Italia starten und dann weiter in die erwähnten Tempel:

**MR. CHARLIE**
Viale Tagliamento 2
*mrcharlie.net*

**KURSAAL**
Via Lungomare
Riccardo Riva 1
*fb.com/kursaalclub*

**BAR ITALIA**
Via Udine 99

EINE EINSTIMMUNG AUF GRADO

# Die Sonneninsel

Man sagt, seit den 60er-Jahren hat im einstigen Fischerdorf der Tourismus Einzug gehalten. Aber auch schon früher war hier in GRADO was los. Zu Zeiten der ÖSTERREICHISCHEN RIVIERA kam der Adel angefahren. Also bereits im 19. Jahrhundert (bis 1918) waren die Österreicher hier. Da war Grado ja auch noch Teil der Monarchie und als Thermalkurort bekannt.

Monarchie ist weg, die Österreichische Riviera ist weg. Grado gibt es immer noch. Und die österreichischen Touristen ebenso. Seit 1919 gehört es zu Italien und verzaubert mit venezianisch angehauchtem Charme die Besucher. Ein schmaler Grat trennt die Sonneninsel vom Festland und die Anfahrt über den Autodamm wirkt fast wie ein Ausbruch aus dem, was Alltag, Routine oder Trott bedeuten könnte. Das Erreichen des Lagunenortes verheißt für viele Sommer, Sonne, Strand und gutes Essen.

### KEIN ORT ZUM ALLEINSEIN

Dabei muss man natürlich immer wissen, was man bekommt. Grado ist ein Ort, der auf Touristen ausgerichtet ist. Der Strandbesuch selbst sowie Schirme und Co. kosten etwas, dafür gibt es halt auch Infrastruktur beim Planschen im Meer. Ganz klar: Über solche Kosten kann man immer gut streiten. Grado hat viele enge Gasserl zum Durchspazieren, Einkaufen gehen und Kaffee trinken. Das historische Zentrum ist eine Fußgängerzone. Man kann außerordentlich gut essen gehen und sich wochenlang durch allerlei Fischgerichte durchkosten. Der eine freut sich darüber, dass man die Magazine auch auf Deutsch bekommt. Wieder andere nervt das Zuviel vom Zuhause an einem fremden Ort.

### ALTERNATIVEN SEHEN

Wenn man eher zu der Sorte gehört, die dann genervt unterm Sonnenschirm herumliegt, kann man sich überlegen, bei einer Lagunenfahrt mitzumachen. Dabei sieht man die einst typischen Häuser der Fischer, die «Casoni» heißen und vereinzelt auf den kleinen Inseln rund um Grado zu sehen sind. Sie zeugen von einem Leben, das so gar nichts mit Luftmatratzen und Badetüchern voller Barbies zu tun hatte. Heute werden diese «Casonis» zum Teil als Privatunterkünfte vermietet.

### LAGUNENLEBEN

In der adriatischen Lagune urlauben nicht nur die Touristen, sondern man sieht nach wie vor die Fischer ausschwärmen und vor allem hört man die Vögel zwitschern. Das liegt daran, dass auch zwei Naturschutzgebiete hier angesiedelt sind, die den Zugvögeln einen guten Nistplatz bieten. Wenn das Genervtsein vom Anfang dann endlich verflogen ist, sind die Gedanken frei für folgende Erkenntnis: Das nächste Mal die Zeit des touristischen Ansturms auslassen und ganz einfach außerhalb der Saison herkommen! Denn dann sieht man das «sich täglich neu abspielende Insel- und Welttheater»* von Grado vielleicht noch besser.

*aus «Grado abseits der Pfade.» von Michael Dangl.*

**TIPPS**

Im alten Teil von Grado
spazieren gehen.

Die «Tavernetta all'Androna»
zum Fisch essen.
*Calle Porta Piccola 6*

Die Bootsprozession
am ersten Sonntag im Juli
(«Perdòn de Barbana»).

# Walk two miles in Rilke's shoes

**MEDITERRAN GEWÜRZTER DUFT IN DER NASE.
STEINE KNIRSCHEN UNTERM TREKKINGSCHUH. DAS MEER
BLENDET DAS AUGE. POETISCHE STIMMUNG IM HIRN.
DAS MUSS DER RILKEWEG SEIN.**

Geparkt wird beim Tourismuszentrum oder zum Aufwärmen gleich unten am Hafen. Dann geht es auch schon los – immer auf den Klippen, immer mit Blick auf das Meer, sehr häufig im Schatten der Pinien. Bereits nach wenigen Schritten auf dem elegienumwobenen Weg weiß man, warum sich Rilke, der aus dem heutigen Tschechien stammte, hier so inspiriert fühlte.

**IN STIMMUNG**

Auch bei uns platzte die poetische Krampfader ein bisschen auf, was man an den tiefgründigen Gesprächsthemen merkte. Bis zum Schloss Duino sind es zwei Kilometer am «Sentiero Rilke» und auf diesen sollte man die Augen auch mal vom Meer weg und zwar hin auf die Gesteinsformationen und die Vegetation richten. Kleine weiße Blümchen grüßen von unten, Lavendelduft liegt in der Luft, da stören selbst die Bunker nicht, an denen man abenteuerlicherweise vorbeikommt.

**TIPPS**

### HERBSTLICH
Der Indian Summer kommt auch beim Rilkeweg vorbei und macht die Macchia flammend rot. Das schaut dann im Kontrast zu den kreideweißen Karstfelsen besonders gut aus.

### UNITED WORLD COLLEGE
Eines von 16 auf der Welt. Hier werden Schüler aus aller Welt auf Englisch unterrichtet. Die Unterkünfte sind in das Dorf integriert und jeder Schüler muss auch Italienisch lernen, um am Dorfleben teilhaben zu können.
*uwcad.it*

### EINFACH GENIAL BEI DUINO
Terrano trinken, gut essen und im Bauernhof-B&B wohnen. Das ist Lupinc.
*lupinc.it*

### ALLA DAMA BIANCA
Für Fisch- und Meeresfruchtfans.
Frazione Duino 61c
*alladamabianca.com*

# MIRAMARE

**TIPP**

WENN'S AUCH DIE HANDYKAMERA TUT UND MAN NEBEN ALL DEM ESSEN MAL EIN WENIG AKTIVITÄT BRAUCHT, DANN EMPFIEHLT SICH EIN MORGENLAUF AN DER SOGENANNTEN «BARCOLA», DIE ZUFÄLLIG BEI «TRE MERLI» STARTET UND BEI MIRAMARE SEINEN UMKEHRPUNKT HAT. EIN WUNDERSCHÖNER BLICK AUF DIE BUCHT VON GRIGNANO, DIE STADT TRIEST UND DAS SCHLOSS. FRÜHMORGENS SIND AUCH IM HOCHSOMMER DIE BADEGÄSTE NOCH SPÄRLICH GESÄT.

«Mira» heißt «schauen» und «mare» «Meer». Eh klar, dass es hier nicht nur etwas zum Schauen, sondern auch was zum Fotografieren geben wird. Das 1856–1860 errichtete Habsburgerschloss im Stil des romantischen Historismus, zum Beispiel. Die wahre Fotografiergaudi hat man vor allem im Park, der sich auf 22 Hektar erstreckt und an den Felsen klebt. Mit Lorbeersträuchern, Zypressen, Myrten und vielen exotischen Pflanzen wie einem Ginkgobaum oder einem Küstenmammut gibt es für Liebhaber von Makroaufnahmen, Bildkompositeure oder Porträtspezialisten ganz schön viel zu tun.

# Oh hi, Beach Hotel!

**WENN EIN BEACH HOTEL ALLEIN NOCH NICHT GENUG IST, DANN PFLANZT MAN NOCH EINE TRATTORIA DAZU. ODER EIGENTLICH UMGEKEHRT. UND DANN IST DAS URLAUBSPAKET FÜR TRIEST AUCH SCHON PERFEKT.**

Die Zimmer im «Tre Merli» sind zwar nicht unglaublich groß, aber das stört nicht, denn man will ja vor allem eins: am Meer sein. Dafür schnappt man sich eine Liege auf der Sonnenterrasse und schaut dem benachbarten Ruderklub beim Trainieren zu. Dann – die Stunde der Wahrheit: Aufstehen und selbst ins Meer hüpfen. Das ist die Devise und auch gar nicht schwer. Ein paar wenige Schritte von der Sonnenterrasse runter und schon ist man im Golf von Triest. Ziemlich einmalig – denn Meerzugang gibt es bei den Hotels in Triest eigentlich selten.

### ABENDESSEN NEBENAN

Zum Abendessen huscht man ins Hotelzimmer, gönnt sich eine Dusche und schmeißt sich ins Restaurant-Outfit, um über den Parkplatz geschlendert, schon in der Trattoria «Tre Merli» zu stehen. Es gibt Carpaccio, Jakobsmuscheln, Spaghetti, Gnocchi, spacige Tücher zum Händeabwischen, Prosecco und vor allem: Das Live-Erlebnis Sonnenuntergang in gelb, orange und rot. Das direkt von der Veranda aus – also hautnah. Sollte man im «Tre-Merli-Radl» (auch ständig drehende Urlaubsspirale genannt) mal drinnen sein, kann es passieren, dass man sich nur noch zwischen Zimmer, Terrasse, Meer und Trattoria hin- und herbewegt – aber was soll's, es gibt wirklich Schlimmeres!

### TRE MERLI

Viale Miramare 42 und 44
34136 Trieste
Trattoria: 0039 040 410 884
*tremerli.it*

Beach Hotel: 0039 040 426 10 07
*tremerlibeachhotel.com*

# LISTENWEISE TRIEST

⚓ Geschichtlich ein Schmelztiegel der Kulturen. Italiener, Österreicher, Deutsche, Franzosen, Engländer, Slowenen. Darunter Handwerker, Kaufleute, Schriftsteller. Alle waren sie da in der ADRIASTADT. Und jeder brachte etwas mit. Das Ergebnis findet man heute in neoklassizistische Palazzi gegossen. Gelegen an einem Platz, der Träume wahr werden lässt. Ein Platz, der nach wie vor eint.

NAH AM WASSER GEBAUT – IMMER DIE GLITZERNDE ADRIA VOR DER NASE.

# TRIEST IST DIE STADT DER LISTEN

**ZUMINDEST, WENN ES – WIE IN DIESEM BUCH – NACH UNS GEHT!**

**SHOPPEN**

**BAR BUCHHANDLUNG KNULP**
WLAN. Bequem. Bücher.
Via Madonna del Mare 7/a
*knulp.it*

**TORREFAZIONE TRIESTINA**
Mitbringsel. Shopping. Kaffee.
Via di Cavana 2
*torrefazionelatriestina.it*

**VUD**
Holz. Bretter. Handwerk.
Via Diaz 15/a
*vud-design.com*

**DROGHERIA TOSO**
Seifen. Gewürze. 1906.
Piazza San Giovanni 6

**(KAFFEE) TRINKEN**

**LE BOLLICINE**
Klassisch. Gut. Aperitivo.
Piazza S. Antonio Nuovo 2/a
*le-bollicine.it*

**CAFFÈ DEGLI SPECCHI**
Unendlich. Viele. Kaffeesorten.
Piazza dell'Unità d'Italia 7
*fb.com/CaffedegliSpecchiTrieste*

**CAFFÈ STELLA POLARE**
Elegant. Traditionsreich. K. u. k Touch.
Via Dante Alighieri 14
*fb.com/stellapolarets*

**GRAN MALABAR**
Knotenpunkt. Lieblingsbar. Enoteca.
Piazza San Giovanni 6

### ESSEN

**SALU MARE**
Nett. Fischlaboratorium. Pflicht.
Via di Cavana 13/a
*salumare.com*

**RISTORANTE SCABAR**
Spannend. Überraschend. Ausblick.
Erta di Sant'Anna 63
*scabar.it*

**VIEZZ**
Stylish. Jung. Instagrammable.
Via della Cassa di Risparmio 9
*viezztrieste.it*

**ANTICA TRATTORIA SUBAN**
Traditionell. Persönlich. Stammgäste.
Via E. Comici 2/d
*suban.it*

**SOCIAL FOOD**
Burger. Sonne. Unkompliziert.
Via Gioacchino Rossini 8
*fb.com/040socialfood*

**ARCORICCARDO**
Zentral. Fisch. Traditionsreich.
Via del Trionfo 3
*arcoriccardo-ristorante.it*

# TRIEST IST DIE STADT DER BUFFETS

Hier gibt's Sauerkraut, Schweinsbraten, Zunge, Kutteln und gekochten Schinken sowie auch Mortadella, Salami und frittierten Fisch. Man trifft bei den Buffets die Einheimischen vom Manager bis zum Arbeiter, ganz unkompliziert und einfach.

# ... DES KAFFEES

Julius Meindl heißt hier Giulio. Und auch sonst dreht sich alles um Kaffee. «Illy», «Hausbrandt» und wie sie nicht alle heißen – sie werden vorrangig über den Hafen von Triest verschifft. Das ergibt einen Sortenreichtum in der Stadt und einige historische Kaffeehäuser von Rang und Namen.

# ... DER SCHRIFTSTELLER

Vom Iren James Joyce, der hier «The Portrait of the Artist as a Young Man» fertiggeschrieben hat, über Rainer Maria Rilke, der sich beim Spazierengehen in Duino Inspiration holte bis zu Umberto Saba, dessen Buchhandlung noch immer groß im Geschäft ist, tat sich hier immer schon sehr viel für das schreibende Volk.

AUSFLÜGE

**BUMMELN**
durchs ehemalige jüdische Ghetto.

**ZAHNRADBAHN NACH OPICINA**
Mit der weit über 100 Jahre alten Standseilbahn geht es 300 Meter über die Stadt.

**FLANIEREN**
Hinter der Piazza Unità geht man durch die Via Portizza in ein Gewirr an Straßen. Dort befinden sich viele kleine Geschäfte und man kann sich von einem zum nächsten treiben lassen.

# Essen bei Farinettis

**ES GIBT JA VIELE ITALO-FOOD-FANS AUF DIESER WELT. DAS DACHTE SICH WOHL AUCH OSCAR FARINETTI UND GRÜNDETE 2004 EIN KLEINES, WELTUMSPANNENDES IMPERIUM ZU EHREN DER LEBENSMITTEL UND GENÜSSE AUS BELLA ITALIA.**

So gibt es auch in Triest einen neuen Tempel für all jene, die Olivenöl, Pasta und Co. anbeten und lieben. Dass dieser Kulinarik-Hotspot direkt beim Meer angesiedelt ist, macht den Aufenthalt gleich noch angenehmer und die große Glasfront Richtung Wasser ist das Tüpfelchen auf dem «Eataly». Dort kann man sich vor, während oder nach dem Shoppen hinsetzen und verweilen: Zum Pizza essen, Kaffee trinken, Wein verkosten und und und. Auswahl, Beratung und Service gibt es jedenfalls genug.

**COMPRARE DELUXE**

Die erlesene und gleichzeitig riesengroße Auswahl eines «Eataly» ist es auch, die es einem genussorientierten Konsumenten nicht gerade leichtmacht. Da ein Prosciutto, der sich von der industriellen Erzeugung abhebt; dort Büffelmozzarella, Gewürze und Tomatensoßen hochwertiger Qualität und mit höchstem Anspruch. Das alles bei einem ordentlichen Preis-Leistungs-Verhältnis, das gehört zum Manifesto. Das Schöne an «Eataly»: Kennt man einen, kennt man noch lange nicht alle. Jeder Markt ist anders, es wird nichts Neues hingestellt, sondern es werden eher bestehende Gebäude zu etwas Neuem umgemodelt. Somit kann man auch in München, New York und an einigen anderen Orten dieser Welt immer wieder ganz aufs Neue sein Italo-Glück suchen – und wahrscheinlich auch finden.

**EATALY TRIESTE**

Riva Tommaso Gulli 1
34123 Trieste
0039 040 246 57 01
*eataly.com*

# SILVESTER IN TRIEST

**WARUM NICHT AM JAHRESENDE EINEN AUF BLAU MACHEN UND GEN ITALIEN FAHREN? SILVESTER IN TRIEST IST EINE GUTE SACHE! UND WIR HABEN SIE MIT VERGNÜGEN SCHON EINMAL ANGETESTET. ERFOLGREICH!**

### DER OBERKRACHER

Die Abfahrt ist wie ein Befreiungsschlag. Heuer soll es kein Activity-Marathon werden, kein Raclette wird angesteckt und auch kein Fondue befeuert. Heuer wird alles anders. Heuer wird alles Triest. Meter für Meter rollt man dem Meer entgegen – «with a thousand memories» – automatisch passiert das Jahr Revue und irgendwie entfernt man sich jetzt schon davon, denn ab morgen darf man eine neue Jahreszahl ins Hausübungsheft schreiben.

### MAGIC MAGIC

Welch ein schöner Zufall: ein Parkplatz gleich vorne am Hafen! Schon wird ins Hotel eingecheckt (unsere wärmste Empfehlung bekommt das «Excelsior Palace» direkt am Hafen, da es die bequemsten Betten der Welt hat)! Die Stadt wird mit offener Jacke erkundet, denn immerhin ist man hier mediterran unterwegs und man spürt sofort die paar Grad, die es hier wärmer ist. Die Stadt ist weihnachtlich dekoriert und beim «Caffè degli Specchi» auf der Piazza Unità schmeckt der Kaffee diesmal besonders feierlich.

### VOM APERITIVO ZUM FEUERWERK

Und schon schlägt die Stimmung um. Die Aufregung zieht sich unsichtbar durch die umherschlendernden Menschengruppen und man kann sich nur so beruhigen, indem man sich mit dem letzten Tageslicht den ersten Aperitivo genehmigt, der in gewohnt italienischer Manier von Chips und Oliven begleitet wird. So sieht man dem neuen Jahr entgegen und auf das alte zurück, was dann schlussendlich in einem Feuerwerk über dem Meer gipfelt. Alle vielleicht schlechten Erfahrungen der vergangenen zwölf Monate werden plötzlich und wie magisch aus dem Gedächtnis gelöscht.

*Triest sei Dank!*
*«Felice Anno Nuovo!»*

# DER SÜDZIPFEL

Früher war hier noch die größte Schiffswerft der K.U.K. MONARCHIE. Heute handelt es sich an diesem Ort eigentlich um Istrien (das man von Kroatien kennt) und doch ist man in Italien. Jaja, verwirrend, aber wahr – das alles geht nur in MUGGIA.

Der Hafen ist voller Fischerboote. Die Sonne brennt vom Himmel und macht einem unweigerlich klar, dass man in südlicheren Gefilden unterwegs ist. Es gibt Badeanstalten und Orte, die Schatten versprechen. So zum Beispiel die Cafès und Lokale am «Piazza Guglielmo Marconi». Dort kann man mittags gut in der italienischen Hitze brüten und sich darüber freuen, dass es Sommer ist oder man heute noch Zeit hat, sich ins Meer zu tummeln. Bei Hitzewallungen tröstet ein Aperol und die Einsicht, dass es noch Abend wird und somit auch kühler.

## KÜSTENSTÄDTCHEN
## MIT AUSSICHT

Abends kann man dann auch den Blick Richtung Triest genießen. Dieser fällt auf die Industriezone der Stadt und ist mit den Lichtern und der dazugehörigen Stimmung durchaus ein nächtlicher Hingucker. Wer generell gern weit schaut, der könnte einen Aufstieg zur «Kirche Santa Maria Assunta» andenken, denn von dort sieht man besonders gut. Wer sein Augenmerk auf Muggia selbst richtet, der bekommt eine ordentliche Dosis Meer und verwinkelte Gassen ab – das ist fix. Und das ist schön.

**TIPP**
**FÜR ESSENGEHER**

Trattoria «La Risorta»
*Riva Edmondo De Amicis, 1/a*

# GUT ZU WISSEN

**DIE REGION HEISST RICHTIGERWEISE: REGIONE AUTONOMA FRIULI VENEZIA GIULIA.**

*Im Friaul gibt es vier offizielle Sprachen: Italienisch, Deutsch, Slowenisch und Friulanisch.*

*Es leben ungefähr 1,2 Millionen Menschen hier.*

**Die Flüsse: Isonzo (slowenisch: Soča) und Tagliamento.**

Die Hauptstadt von Friaul-Julisch Venetien ist Triest.

**DAS AUTONOME FRIAUL MACHT DEN GROSSTEIL (90%) DER REGION «FRIAUL-JULISCH VENETIEN» AUS. JULISCH-VENETIEN IST BEI ITALIEN GEBLIEBEN.**

**VIELE ARBEITEN IM TEXTIL- UND MÖBELBEREICH.**

*DAS FRIULANISCHE IST MIT DEM KATALANISCHEN UND MALLORQUINISCHEN VERWANDT.*

Das Friaul ist zur Hälfte gebirgig.

**DIE GENERALI VERSICHERUNG UND DER ILLY CAFÈ HABEN IHREN SITZ IN TRIEST.**

**DER RICHTIGE ARTIKEL FÜRS FRIAUL IST «DAS».**

# Westslowenien

SLOWENIENS WESTEN ÜBERRASCHT. DER NATIONALPARK TRIGLAV BE-
FINDET SICH HIER. DAS BELIEBTE BLED! DIE SOČA. MIT- UND UMDENKER SIND HIER
ZUHAUSE UND AUCH ANA, DIE ANGEBLICH BESTE KÖCHIN DER WELT. WIR REISEN AN
EINEN ORT, WO BIO-HOTELS DIE MAGIE DES KARSTS UNTERSTREICHEN UND WO DIE
RESTAURANTS AM MEER URLAUBSGEFÜHL VERSPRÜHEN. EIN GEBIET, IN DEM
DIE GRENZEN VERSCHWIMMEN. WEIL SIE NICHT SO WICHTIG SIND.

**UNSERE IDEE VON**

# WEST
# SLOWENIEN

← *Italien*

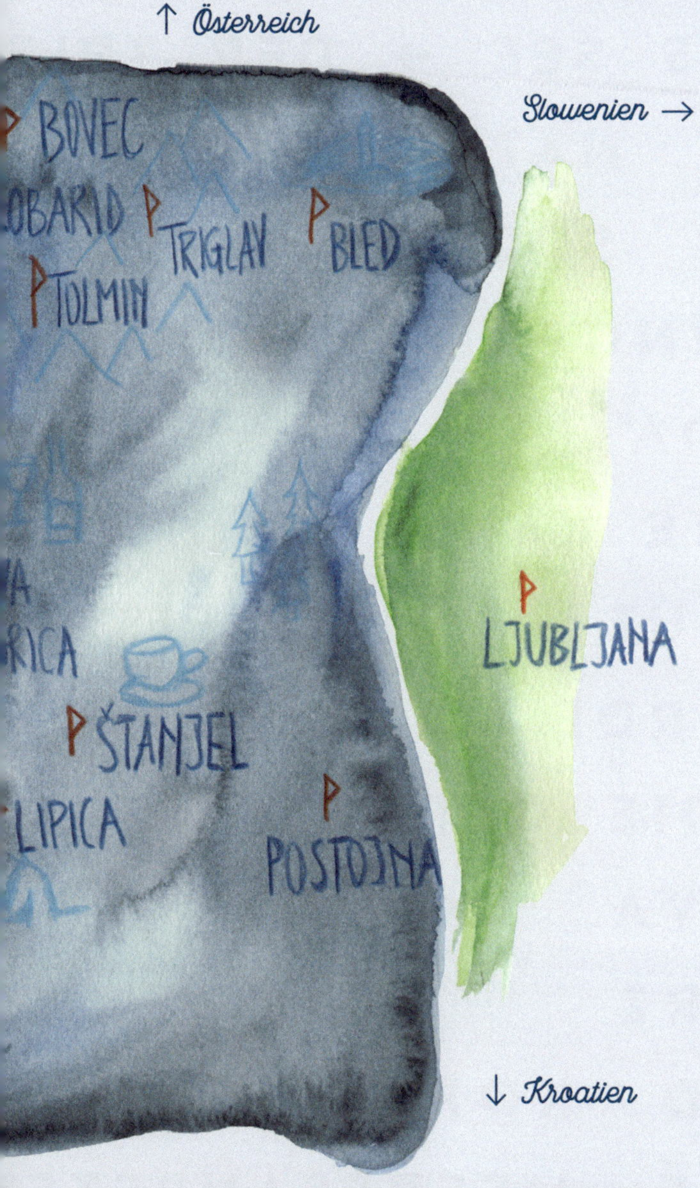

WESTSLOWENIEN 227

↑ *Österreich*

*Slowenien* →

BOVEC
KOBARID
TRIGLAV  BLED
TOLMIN

ŠTANJEL
LIPICA
POSTOJNA

LJUBLJANA

↓ *Kroatien*

DIE GEMEINDE BLE[D]
PLUS SEE → DER TRIG[
LAV NATIONALPARK -
DAS SOČA-TAL → DA[S
WEINGEBIET NAMEN[S
BRDA → DER FEUE[R
ROTE KARST UND SEIN
PRŠUT → DIE WEISSE[N
PFERDE VON LIPICA
→ DIE GETEILTE STAD[T
NOVA GORICA SLO
GÖRZ ITA → PIRA[N
UND KOPER FÜR -
ALLE MEERESANBETE[R

# DER GRUND

Viele werden sich fragen: Warum Westslowenien? Die Antwort: Weil ganz Slowenien locker ein ganzes Buch füllen würde und wir eigentlich als Ursprungsidee den Karst in den Mittelpunkt rücken wollten. Anfangs wegen des Pršuts (= Rohschinken). Das war die Zeit, in der wir dieses Buch noch mit dem Namen «Eat Prosciutto Live» im Kopf hatten. Wir fanden aber heraus, dass wir mit so einem Titel zu viel Spannendes in den einzelnen Regionen ausklammern müssten. Und das wollten wir nicht. Somit haben wir für dieses Kapitel eine Region erfunden: Westslowenien! Sie reicht von Bled im Nordosten bis nach Piran im Südwesten. Wer gerne Rechtecke zeichnet, der findet noch Bovec im Nordwesten und vielleicht Sežana. Auf dieser so ganz grob gezeichneten Fläche haben wir uns aufgehalten und dabei genau hingeschaut, wer so die Hauptrollen in diesem Gebiet abbekommen hat.

*Wie immer: Wir geben ja nur eine Orientierungshilfe. Herumreisen und Hauptrollen erkennen muss jeder selbst.*

… WESTSLOWENIEN

# Slowenisch – eine überdachte Sprache

**MIT DIESEN WÖRTERN BIST DU VOLL DABEI UND WIRST TROTZDEM ALS AUSLÄNDER ENTTARNT WERDEN.**

### Dober dan
GUTEN TAG

### ja/ne
JA/NEIN

### Adijo
CIAO

### Živijo
HALLO

### Nasvidenje
AUF WIEDERSEHEN

### Hvala/Prosim
DANKE/BITTE

### Ne znam slovensko
ICH SPRECHE KEIN SLOWENISCH

### Na zdravje
PROST

### Oprostite/Oprosti
ENTSCHULDIGUNG

### Pomoc
HILFE

### Jaz sem…
ICH HEISSE…/ICH BIN…

### Radi bi…
ICH HÄTTE GERNE…

### Koliko stane…?
WAS KOSTET…?

### Ra un prosim
ZAHLEN BITTE

### vhod/izhod
EINGANG/AUSGANG

EINE SPRACHE VOLLER BUCHSTABEN, DIE DIESES KLEINE DACH BESITZEN. DIESES HEISST AUF SLOWENISCH «STREŠICA» UND MACHT AUCH EIN BISSCHEN STRESS. VOR ALLEM, WENN ES UM DIE AUSSPRACHE GEHT. DER REST ERKLÄRT SICH WIE FOLGT:

| Š | Č | Ž | H | C |
|---|---|---|---|---|
| «SCH» | «TSCH» | «TSCH» | «CH» | «TS» |
| WIE IN «SCHAF» | WIE «ENT-SCHULDIGUNG» | WIE «CHILL» | WIE «ACH» (NIEMALS STUMM) | WIE «TSATSIKI» |

# NIX BLÖD, SONDERN BLED!

⌂   Ein See umrahmt von Bergspitzen, rundherum wuchert es grün und mittig ragt eine *INSEL MIT KIRCHTURM* hervor – ist es ein Disneyfilm? Nein, es ist Bled! Der angeblich schönste Kurort des ehemaligen Kaiserreichs. Dazwischen ist zwar noch ganz viel Veränderung passiert, einen Besuch ist Bled aber allenfalls wert.

**AUCH EIN SCHÖNER NEBEL KANN ENTZÜCKEN.**

Es ist unsere erste Station in Slowenien. Bled – der Ort für einen Auftakt. Und das Ensemble macht Eindruck. Nicht den eines Rockstars, wie man vielleicht annehmen könnte. Sondern eher einen mystischen, einen geheimnisvollen. Denn die letzten Tage haben Regen gebracht und der ist vorm höchsten Berg Sloweniens, dem Triglav, hängen geblieben. So liegt Nebel in der Luft und sowieso sieht es eher nach spätem November als nach Sommer aus. Wir mögen es trotzdem. Neben den vielen architektonischen Zeugen des Sozialismus, der hier jahrelang geherrscht hat, kristallisiert sich ein süsser Star heraus: Die Cremeschnitte.

## CREMIGER MYTHOS

Ein Mille-Feuille-Ding mit ziemlich viel Creme zwischen den Teigdeckeln. Fehlen darf der Staubzucker am Dach nicht, der erinnert wahrscheinlich an die winterlichen Berggipfel. Aber das ist nur wilde Theorie. Die originale Cremeschnitte oder «kremne rezine» kann man im «Park Hotel» (Cesta svobode 15, *hotelibled.com*) verkosten und entweder lieben, hassen oder sie ist einem eben egal. Ignorieren kann man sie auf jeden Fall als Besucher nicht. Denn sie befindet sich auf sämtlichen Fahnen und strahlt einem in cremigem Hellgelb von allen Seiten entgegen. Das Rezept ist zwar nicht ur-, aber zumindest 60 Jahre alt und angeblich wurden schon 12 Millionen Stück davon verkauft. *(Still counting!)*

## AD KALORIEN VERBRAUCHEN

Und so eine Cremeschnitte ist nicht nur für ihren Geschmack bekannt, sondern auch für ihre Kalorien. Wie kann man diese schnell wieder verbrauchen?

**A** Die leichteste Variante wäre eine Runde um den See zu drehen. Die beste Aussicht über den See hat man vom Schloss aus. Wir waren aber zum Beispiel im «Café Belvedere», das über das Hotel «Vila Bled» erreichbar ist und alle Klischees in Sachen Sozialismus erfüllt.

**B** Oder man rudert. Und zwar über den See zur kleinen Insel, das dauert allerdings nur zehn Minuten und wir glauben nicht, dass die Cremeschnitte dann schon verbraucht ist. Dort sind es dann noch 99 Stufen zur Glocke in der Marienkirche und wenn man diese drei Mal dazu bringt, zu läuten, dann kann man sich etwas wünschen. Weniger für die Kalorien und mehr für die Tradition sind die «Pletnas» da, die traditionellen Holzboote, die einen zur Kirche bringen.

**C** Oder wie wäre es mit dem höchsten Gipfel Sloweniens, dem Triglav? Da würde die Cremeschnitte wahrscheinlich annihiliert werden, bei den 6,5 Stunden, die man ab Pokljuka geht.

**D** Cool (vor allem an heißen Sommertagen) ist die Vintgar Klamm, die sich über 1,6 Kilometer erstreckt und wo man von der Geräuschkulisse der Wasserfälle und Stromschnellen begleitet wird.

GARDEN VILLAGE

# *Im Dschungel*

WER SCHLÄFT DENN HEUTE AM RAUSCHENDEN BACH?
NAJA, ALLE, DIE WOLLEN UND IHR ZELT ODER IHR BAUMHAUS RECHT-
ZEITIG RESERVIERT HABEN. IM «GARDEN VILLAGE» IST ALLES GRÜN.

Nicht nur die Blätter und Bäume sind grün, sondern auch die Hintergedanken. Zwischen Rosmarin, Lavendel und vielen Obstbäumen ist ein Paradies entstanden, das man am liebsten nicht mehr so schnell verlassen möchte. Morgenkaffee zwischen den Baumkronen, Unterkünfte aus slowenischem Holz und die ein oder andere Hängebrücke. Und wem das zu heiß wird, der springt einfach ins Wasser.

Und wenn der grüne Hunger kommt, dann geht man ins Öko-Restaurant Vrtnarija und gönnt sich Carpaccio vom slowenischen Rind, echt heimische Štrukelj (Knödel) oder einen Salat mit Forelle.

**GREEN RESORT**
**GARDEN VILLAGE BLED**

Cesta Gorenjskega odreda 16
4260 Bled
00386 838 99 220
*gardenvillagebled.com*

**UNSERE AUSFLUGSTIPPS**

**BOHINJ**
dort ist die Idylle zuhause.
—
**WANDERUNG**
zu den Savica Wasserfällen.
—
**RADOVLJICA**
eine mittelalterliche Stadt, die sich wunderschön herausgeputzt hat.

# SOMMER-ENDORPHINE SEIT 2004

WIR SPRECHEN MIT DOMEN KALAJŽIČ, DEM GRÜNDER VON «3GLAV ADVENTURES» IN BLED. DER WEITGEREISTE SCHNAPPT SICH DIE BESUCHER SEINER HEIMAT UND ZEIGT IHNEN DIE AUFREGENDE NATUR WEST-SLOWENIENS.

### WARUM IST 3GLAV ADVENTURES EIGENTLICH IN BLED STATIONIERT?

Bled liegt erstens einfach perfekt – so bei den Julischen Alpen und beim einzigen Nationalpark Sloweniens. Zum zweiten ist das Gebäude, in dem sich die Agentur befindet, schon seit 100 Jahren in Familienbesitz und heute sogar geschützt. Daher war Bled naheliegend.

### WAS IST EIGENTLICH DAS GEFÄHRLICHSTE, DAS IHR ANBIETET?

Unsere Touren sind nicht gefährlich oder extrem. Sie sind aufregend und machen vor allem Spaß. Ich meine, Skydiving, das ist dann vielleicht extrem. Aber uns geht es vor allem um das Erlebnis in unserer wunderschönen Natur.

### GIBT ES EINE TOUR, DIE BESONDERS VIELE LEUTE BUCHEN?

Die Ganztages-Tour namens «Emerald River Adventure» ist sehr beliebt. Da geht man Raften auf der Soča und macht eine Halbtages-Canyoning-Tour mit Canyoning Bob und seinem Team.

### KANN JEDER MITMACHEN?

Die Touren sind für Leute von 18 bis 75 und auch für Familien gemacht. Sicherheit steht bei uns an oberster Stelle. Natürlich sollte man mittelmäßig fit sein und das Draußensein mögen.

### WIE UND WARUM HABT IHR MIT 3GLAV ADVENTURES BEGONNEN?

Eine Freundin von mir war Managerin eines Hostels in Bled. Sie meinte, dass die jungen und aktiven Leute nach zwei Tagen eigentlich schon gar nicht mehr wissen, was sie hier tun sollen. Da kreierte ich das bereits erwähnte «Emerald River Adventure» und präsentierte dieses den Besuchern im Hostel. Das hat dann langsam Früchte getragen und bald konnte ich die ersten Teilnehmer mit meinem Van für die erste Tour abholen. Da wusste ich: das ist das, was ich wirklich machen möchte.

### GIBST DU UNS NOCH EINEN INSIDERTIPP MIT AUF DEN WEG?

Als Familie besuchen wir gerne den See namens Završnica. Er liegt am Ausgangspunkt zur Bergwanderung auf den Stol und dieser Platz ist einfach ein spektakulärer Outdoor-Spielplatz.

**3GLAV**
**ADVENTURES**

Ljubljanska cesta 1, 4260 Bled
00386 416 83 184
*3glav.com*

# IN DIE NATUR

**IM NORDWESTEN SLOWENIENS HERRSCHT VIEL UNBERÜHRTE NATUR ÜBER EINEN SMARAGDGRÜNEN FLUSS, DER IN ALLER MUNDE IST. DER TRIGLAV NATIONALPARK IST DAS SLOWENISCHE PARADIES FÜR WANDERER, DIE SOČA DAS ELDORADO ALLER WILDWASSERFREUNDE.**

# DER TRIGLAV NATIONALPARK

**AUSGANGSPUNKTE FÜR DIE ERKUNDUNG DES NATIONALPARKS SIND BLED, BOVEC, KOBARID UND KRANJSKA GORA.**

*tnp.si*

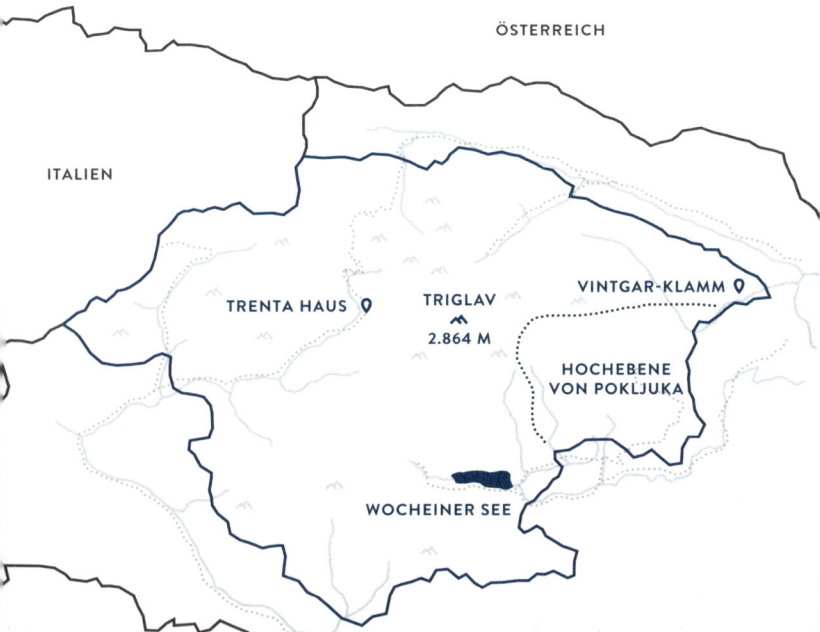

**1**

# Der einzige Nationalpark Sloweniens.

---

**2**

*Der Nationalpark ist 840 Quadratkilometer groß – das macht 4 % von Slowenien aus.*

---

**3**

**DER TRIGLAV IST MIT 2.864 METERN DER HÖCHSTE BERG SLOWENIENS.**

---

**4**

*IM NATIONALPARK LIEGT DER GROSSTEIL DER SLOWENISCHEN ZWEITAUSENDER-BERGE.*

---

**5**

**BELIEBT: DER WOCHEINER SEE (SLO. BOHINJSKO JEZERO), DIE TOLMINER KLAMMEN UND DIE HOCHEBENE VON POKLJUKA.**

---

**6**

Im Trenta-Tal findet sich mit dem Trenta-Haus das Besucherzentrum des Nationalparks.

---

**7**

*Infozentren gibt es auch an diesen beiden Orten: Das TNP Center Bohinj und das TNP Bled.*

---

**8**

**IMMER WIEDER EMPFOHLEN: DAS INTERNATIONALE WILDBLUMENFESTIVAL. BOHINJ.SI**

---

**9**

Viele Legenden und Mythen spielen sich hier ab: zum Beispiel die über Zlatorog (DAS Sagentier Sloweniens).

---

**10**

# Der Nationalpark liegt in den Julischen Alpen.

---

**11**

**UNGEFÄHR 7.000 PFLANZEN UND TIERE SIND HIER ZUHAUSE.**

# Das Soča-Tal

DIE SOČA ENTSPRINGT AM FUSSE DES TRAVNIK IM MANGART-JALOVEC-MASSIV IN DEN JULISCHEN ALPEN, HAT EINE LÄNGE VON 140 KILOMETERN UND MÜNDET SÜDLICH VON MONFALCONE IN DEN GOLF VON TRIEST.

**1**

DIE SOČA ENTSPRINGT EINER KARSTQUELLE IM NATIONALPARK TRIGLAV AUF 1.050 METERN HÖHE.

**2**

Tolmin ist der größte Ort im Soča-Tal.

**3**

FLIEGENFISCHER FREUEN SICH ÜBER DAS VORKOMMEN DER MARMORATA-FORELLE.

**4**

*Bovec und Kobarid sind die Zentren für das Erlebnis am smaragdgrünen Wasser – egal ob im Raftingboot, im Kajak oder im Kanu.*

**5**

Die Stromschnellen finden sich vor allem im oberen Flusslauf.

**6**

25 KILOMETER LANG IST DER SOGENANNTE SOČA-WEG VON BOVEC BIS ZU DEM PUNKT, AN DEM DIE SOČA ENTSPRINGT.

# EIN SCHÖNES PUZZLE

⊕ Kobarid, sagt man, ist die westlichste Gemeinde Sloweniens und daher ein Fixstarter für dieses Buch. Wer den Ort schon kennt, der wird wissen, dass auch hier die zwei magischen kleinen Wörtchen *TRIGLAV* und *SOČA* gewaltig viel Einfluss haben.

NAH AM WASSER GEBAUT – DIE SOČA
BESTIMMT DAS LEBEN IN KOBARID

### DER FLUSS

Das Wasser der Soča (die im nahegelegenen Italien Isonzo heißt) ist nicht nur wild, sondern vor allem schön eingefärbt. Das macht den Fluss zu einem echten Hingucker und zu einem Magneten für Liebhaber der schönen Natur und der Wildwasser-Erlebnisse. Daher darf es auch keinen wundern, wenn hier und im nahegelegenen Bovec das adrenalinhaltige Rafting am Programm steht. Wer sich diese Landschaft gerne von oben anschaut, der ist wahrscheinlich einer der vielen Paragleiter, die das Gebiet schätzen.

*soca-valley.com*

### DIE BERGNATUR

Für jene, die gern auf festem Boden bleiben, ist Kobarid sowieso im Gespräch. Der einzige Nationalpark Sloweniens ist greif- und spürbar und in der Touristen-Info gibt man gern Auskunft über die Möglichkeiten in der Umgebung. Es gibt geführte Wanderungen und natürlich allerhand Wege und Hütten, die man auf eigene Faust erkunden kann. Ein Dauerbrenner ist dabei der Krn mit seinem Gipfel auf 2.244 Metern.

*tnp.si*

### DAS MUSEUM

Das mehrfach ausgezeichnete Museum zeigt, wie es gewesen sein muss, im ersten Weltkrieg an der Isonzofront zu kämpfen. Der Fokus liegt dabei immer wieder auf der Zwölften Isonzoschlacht, die am 24. Oktober 1917 begann und zu den größten Gebirgskämpfen in der Geschichte der Menschheit gezählt wird. In einer Installation wird ein Brief vorgelesen, den ein Soldat an seinen Vater geschrieben hat. Tagebücher, Bilder und mehr zeigen die Kriegsrealität zwischen Italien und Österreich-Ungarn. Barrieren in Sachen Verständigung sind hier im Museum leicht überwunden, da die Texte, Führungen und der Film in mehreren Sprachen angeboten werden.

*kobariski-muzej.si*

### DAS RESTAURANT

Hiša Franko ist das Codewort. Damit kommst du in den Tempel des guten Speisens, der von Ana Roš und Ehemann Valter Kramar erschaffen wurde. Eigentlich hat Ana Internationale Beziehungen studiert, aber als zur Debatte steht, dass Valter das Gasthaus der Eltern übernimmt, schwenkt sie um und beginnt mit dem Kochen. Das war nicht immer leicht, denn Ana ist Autodidaktin, die erst herausfinden muss, wie genau ihre Küche aussehen soll.

### ROLLENVERTEILUNG

Heute wird sie als beste Köchin der Welt gehandelt und daher ist so ein Besuch im Hiša Franko auch etwas vorzuplanen und vor allem ein Tisch zu reservieren. Ehemann Valter macht den Sommelier. Er hat bei und von Joško Sirk gelernt und setzt auf biodynamische Weine, die zum Essen seiner Ana passen. Kurz zusammengefasst: Sie ist die Küchenchefin, er der Sommelier. Sie versetzte den Diplomaten-Job in Brüssel, um in Kobarid aufzukochen. «Als ich die Küchentür des Hiša Franko öffnete, traute ich mich nicht durchzugehen», sagt sie in der Netflix-Produktion «A Chef's Table». Sie wusste, diese Entscheidung würde alles verändern. Dann studierte sie die Kochbücher der Bibliothek und erkannte, dass sie bei Temperaturen und Texturen auf Kontraste setzen wolle.

### ZUTATENLISTE

Und dann kam noch eine wichtige Sache dazu: Bei jedem der Gerichte soll die Hauptzutat aus der Region stammen! So wie die marmorierte Forelle aus der Soča, die schon fast ausgestorben war und heute in sauberem, sauerstofffreichem Wasser die perfekten Lebensbedingungen findet. Oder der Tolminer Käse: Den bürstet, wendet und wäscht Valter, da er nicht nur im Wein- sondern auch im Käsekeller umtriebig ist. Wiederfinden tut man die perfekt gereifte Zutat dann in den Gerichten von Ana. Schön!

### FERNSEH-TIPP

«A Chef's Table» über Ana und Valter auf Netflix: Staffel 2, Folge 5

### FRANKO
### RESTAVRACIJA

Hiša Franko
Staro selo 1, 5222 Kobarid
00386 538 94 120
*hisafranko.com*

# Frankos Klassiker: Das Roastbeef

REZEPT VOM HIŠA FRANKO

A · ROASTBEEF

1 Stück vom oberen Rückenteil des Rinds (etwa 3 Kilo)

B · ZUTATEN

100 Gramm Senf
100 ml Olivenöl
5 Knoblauchzehen
2 Zweige Rosmarin
1 Zitrone

ZUBEREITUNG

Das Roastbeef wird mit den genannten Zutaten mariniert und etwa 12 Stunden lang bei 10 Grad aufbewahrt. Dann befreit man das Fleisch behutsam vom Großteil der Marinade. Allerdings sollte schon noch etwas draufbleiben. Dann brät man es von allen Seiten an. Danach kommt es noch einmal in den Kühlschrank für etwa 12 Stunden. Vor dem Servieren schneidet man es in dünne Streifen und würzt es mit Salz, Pfeffer, Zitrone und Olivenöl.

# WEGE OHNE GRENZEN

N°1
## The Walk of Peace
### POT MIRU

Dieser Weg ist ungefähr 230 Kilometer lang und führt von den Alpen bis zur Adria. Genau genommen vom Soldatenfriedhof «Log Pod Mangartom» bis nach Duino in Italien. Er ist denen gewidmet, die bei den Kämpfen im Ersten Weltkrieg am Isonzo ihr Leben lassen mussten. Beim Wandern kommt man an Soldatenfriedhöfen, Höhlen, Outdoor-Museen und früheren Stützpunkten vorbei. Für Wanderer und Fahrradfahrer, die Aktivität in der Natur mit Geschichte-Lernen verbinden wollen, ist dieser Weg mit Sicherheit eine gute Idee. Nähere Infos bekommt man unter anderem im Tourist-Center in Kobarid oder im Guide, den es zum «Walk of Peace» gibt.

## N° 2
# Weg der Gesundheit & Freundschaft
## PARENZANA

Auch hier ein Rad- und Wanderweg – diesmal mit 110 Kilometer Länge. Er verläuft entlang einer stillgelegten Schmalspureisenbahn, die in den Jahren 1902 bis 1935 von Triest nach Istrien fuhr. Heute ist die Route eine grenzübergreifende Erfahrung, die in den Ländern Italien, Slowenien und Kroatien stattfindet. Ein richtig guter Ratgeber für die Tour könnte das Buch von Janko Ferk und Sandra Agnoli sein, die ganz Allgemeines sowie detaillierte Streckenbeschreibungen zur Parenzana parat haben. Es hört auf den Namen: «Die Parenzana: Gehen. Genießen. Rad fahren. Von Triest bis Poreč».

HIŠA POLONKA

# Bierige Begegnung

**AMADEJ, SIMON UND VALTER SIND EIN DREAMTEAM,
WENN ES ZUM BEISPIEL UM DEN GENUSS (VON BIER) GEHT.**

🍺 Sie haben ein blaues Haus im Stadtzentrum von Kobarid zum neuen Treffpunkt gemacht, einer Biermarke namens «Feo» Leben eingehaucht, spielen gern alte Rockmusik und nehmen keine Reservierungen an. Außerdem stehen sie uns mit Rede und Antwort parat.

Valter, Simon und Amadej

*Drei Männer, ein Bier, eine Bar – wie habt ihr euch denn gefunden und wie kam es zur Hiša Polonka?*

AMADEJ: Ich war Sportguide fürs Raften und Paragleiten und habe außerdem im Casino gearbeitet, Valter war im «Hiša Franko» tätig (denn er ist ja mit Ana zusammen) und Simon ist Grafikdesigner. Gemeinsam haben wir uns überlegt: Es muss sich etwas ändern in Kobarid; es ist dynamisch und hat einen guten Flow, somit sollte es mehr für junge Leute geben. Und so haben wir mit dem Bierbrauen angefangen.

*Bierbrauen liegt ja voll im Trend…*

SIMON: Das schon! Aber trotzdem sind es nur weniger als ein Prozent des konsumierten Bieres, das aus kleinen Brauereien kommt. Eine Brauerei in unserer Größenordnung schafft es kaum, eine kleine Stadt wie Kobarid zu beliefern. Es ist also noch viel Raum nach oben.

ANDREJ: Ich muss schon sagen, wir trinken hier eigentlich mehr oder weniger jeden Tag Bier. Das ist crazy! Vor allem, weil unser Bier immer anders schmeckt und wir schon so viele Sorten ausprobiert haben: Pale Ale, Lager, English Ale und so weiter. Zuerst haben wir damit angefangen, es aus Büchern und Online-Kursen zu lernen, dann die ersten 20 Liter hergestellt und so ist der Stein ins Rollen gekommen.

*Und wie kam es zu dem Namen? «Feo» heißt ja «hässlich» auf Spanisch – wisst ihr das?*

A: Na klar wissen wir das, wir spielen sogar manchmal mit diesem Wort. Eigentlich ist der Name aber von einem Künstler aus Kobarid abgekupfert. Das ist ein echt schräger Vogel. Der schreibt ganz lustige Gedichte, die man aber leider nur versteht, wenn man Slowenisch spricht.

*Wie lebt es sich denn hier, so nah an der Grenze zu Italien?*

A: Wir waren hier schon immer sehr miteinander verbunden. Früher sind wir rüber Jeans kaufen gefahren, außerdem gibt es richtig gute Restaurants über der Grenze – wobei jetzt die Italiener ja auch schon zu uns kommen.

*Seid ihr oft im Nationalpark? Und was macht ihr dort so?*

A: Ich bin sehr gerne Paragleiten und war auch als Rafting-Trainer viel in der Natur unterwegs. Die Julischen Alpen sind wunderschön und es ist toll, sie quasi immer im Rücken zu haben, wenn man in Kobarid wohnt.

S: Zum Wandern kann ich den Monte Nero sehr empfehlen, der ist nicht allzu schwer und in zwei bis drei Stunden ist man auch am Gipfel. Leider sind die Hütten hier noch nicht so gut organisiert, wie etwa in Südtirol oder Österreich. Wer Rafting, Canyoning oder Paragleiten gehen möchte, der findet in Kobarid ein paar gute Anbieter dafür.

*In der Hiša Polonka wird nur mit regionalen Zutaten gekocht. Was heißt das in der Praxis?*

A: Naja, dass wir erstens alles viel zu günstig hergeben. Denn, wer lokal kauft, der zahlt den fairen Preis. Und das wollen wir ja. Außerdem kann das durchaus auch heißen, dass Speisen, die auf der Karte stehen, aus sind. Wir haben nur eine Handvoll Schafbauern hier und wenn die nicht mehr liefern, dann gibt es eben keine Gnocchi mit Lammsauce. Wir stellen ja alles selbst her, das bedeutet viel Vorbereitungsarbeit, aber eben auch sehr viel Genuss und eigenen Geschmack. Und dann können wir auch dahinterstehen. Bekannt sind wir übrigens für unser Roast Beef – das ist ein typisches Gericht, das in der Hiša Franko angeboten wird und das wir übernommen haben.

*Wie ist es, hier in Kobarid ein Lokal zu betreiben?*

VALTER: Es gibt hier zwei Arten von Touristen: die einen wollen ganz billig essen und sind einfach nur wegen des Nationalparks oder dem Sport hier. Denen würden wir empfehlen, einfach in eine der Pizzerien hier im Ort zu gehen. Die anderen sind für den Genuss da und haben zum Beispiel schon lange eine Reservierung in der Hiša Franko. Die kommen dann gern auch zu uns und sind begeistert, weil es etwas ganz Anderes und doch sehr gut ist. Was hier wirklich problematisch ist, ist geeignetes und motiviertes Personal zu finden.

**HIŠA POLONKA**

Gregorčičeva ulica 1
5222 Kobarid
00386 599 58 194
*fb.com/hisapolonka*

# Ein Bett im Strohhaus

SO GUT WIE IM «ECOHOUSE FURLAN» SCHLÄFT MAN NICHT MAL IN DEN EIGENEN VIER WÄNDEN. OB DAS JETZT WAS MIT DER ALLGEMEINEN GEMÜTLICHKEIT ZU TUN HAT, ODER DAMIT, DASS MAN NAHE KOBARID DEN GANZEN TAG MIT AKTIVITÄTEN WIE RAFTEN, CANYONING ODER WANDERN FÜLLT, IST WAHRSCHEINLICH TYPENABHÄNGIG.

Tina hat das schon ganz gut gemacht – auf den ersten Blick schaut das «Ecohouse», in dessen Erdgeschoß hin und wieder ihre Tante wohnt – wie ein typisches Bauernhaus im Ort Sužid aus. Doch sobald man es näher inspiziert (beziehungsweise mit Sack und Pack einzieht), wird einem klar, dass es außen und innen «hui» ist. Außerdem wurde es auch noch sehr umweltfreundlich gebaut – das verwendete Holz im Wohnbereich ist unbehandelt und riecht unglaublich gut. Die Wände haben eine Holzstruktur und sind ganz traditionell mit Stroh gefüllt. Auf der Terrasse kann der gute Reisende gern einen Rotwein trinken oder wahlweise grillen. Das wunderbare Wohlfühlen ist hier sowieso vorprogrammiert.

**ECOHOUSE FURLAN**

Sužid 42
5222 Kobarid
00386 315 98 741

# AUSEINAND' UND WIEDER Z'SAMM

Der Frieden von Paris im Jahr 1947 hat die Stadt GÖRZ durch eine Mauer geteilt: In einen italienischen und in einen damals noch jugoslawischen Teil. Das Schengen-Abkommen hat die beiden Teile wieder vereint, da ein Übertreten der Grenze á la EU wieder ohne Kontrollen möglich ist.

# Eine Stadt, zwei Länder. Auf der Grenze am Bahnhofsvorplatz (namens *PIAZZA TRANSALPINA*) steht man mit einem Fuß in Italien und mit dem anderen in Slowenien.

So ein Einstand in Nova Gorica oder Görz kann verwirrend sein. Wir haben die meiste Zeit eigentlich nicht gewusst, ob wir jetzt in Slowenien oder in Italien sind. Aber wahrscheinlich haben wir uns eher in Görz aufgehalten, denn das ist der größere Teil der Stadt und die italienischen Namen und Bezeichnungen sind auch ein guter Hinweis für Anfänger. Nova Gorica wurde 1948 dazugeplant – damit auch der slowenische Teil der Stadt sein Zentrum hat.

### EIGENE ERFAHRUNGEN SAMMELN

Wir kamen zur Mittagszeit, dementsprechend ruhig war es in der Palazzi-gesäumten Stadt. Wir schlendern los und versuchen, uns die Zeiten vorzustellen, als Görz noch «Österreichisches Nizza» genannt und vom Habsburger Bürgertum verehrt wurde. Beim Herumspazieren machen wir unsere eigenen Entdeckungen: Vielversprechend wirkt zum Beispiel die Osteria «L'Alchimista» in der Via Garibaldi 16/3. Wir wissen leider nicht, ob sie hält, was sie verspricht, da sie für eine private Feier geschlossen war.

### ORIENTIERUNGSLOS

Am Piazza San Antonio wären wir dann gern ins «Atmosfere» eingekehrt, das hatte aber leider den Mittagstisch schon als beendet erklärt. Den kleinen Hunger stillen wir daher bei einer Prosciutto-Käse-Platte am Platz gegenüber vom Grand Hotel Entourage in einem kleinen, feinen Lokal namens «Il Giardino dei Vizi». Frisch gestärkt kramen wir daraufhin im «Il Laboratorio» auf der Piazza della Vittoria 43 nach einem guten Modestück für daheim. Bei all der länderübergreifenden Verwirrungstaktik haben wir letztlich den Überblick verloren und vor allem vergessen, wo das Auto steht. Also: Am Anfang der eigenen Erkundungstour den Straßennamen bitte bewusst anschauen – und noch besser: fotografieren!

### GUSTO UND GUSTI

Nicht viel später stöbern wir schon in einem Supermarkt namens «Godina» und nehmen uns fürs nächste Mal vor, hier einen kleinen Mittagshappen einzunehmen. Denn das Essen schaut wirklich appetitlich aus. Wer italienische Lebensmittel gern mit nach Hause nimmt, ist in diesem Geschäft in der Via dei Cappuccini 1 übrigens auch nicht schlecht beraten. In diesem Gusto-Zusammenhang sei auch gleich erwähnt, dass in der Stadt einmal jährlich ein Riesen-Jahrmarkt der Kulinarik stattfindet. Er heißt «Gusti di frontiera» und versteht sich als «Weltkarte des Geschmacks» mit Gerichten aus über 30 Nationen. Klingt auch sehr vielversprechend…

### DAS SOLLTEN DIE FEINSPITZE BESSER NICHT AUSLASSEN!

Die Markthalle in der
Via Giovanni Boccaccio 15

—

Die Gnocchi di Susine
(gefüllt mit Zwetschken) und
mit Zimt und Zucker bestreut

—

Die Görzer Potize

**KAVA**

# COFFEE-SLOVENIA

Kann mir bitte einmal jemand sagen, warum wir an Italien denken, wenn wir das kleine, aber reizvolle Wörtchen «Kaffee» hören? Warum kommt denn niemandem Slowenien in den Sinn? Hier l(i)eben die Menschen Kaffee. Dieser wird auch immer besser, je mehr man am Tag trinkt. Und bis zu 14 «kava» am Tag sind ja sogar gesund und krebsvorbeugend. Haben wir gehört. Und schön munter ist man durch den Tag unterwegs. Auch geschmacklich ein Traum – in jeder Spelunke kann man einwandfreien Kaffee genießen – lang, kurz, milchig – wie man möchte.

*Ein Traum für Kaffeetanten und -onkels.*

Bei vier habe ich aufgehört zu zählen – beim vierten mir angebotenen Kaffee um 11 Uhr vormittags! Wie kann man bitte so viel von dem braunen Aufputschmittel trinken? Die Slowenen lassen echt keine Gelegenheit aus, um sich wieder mal einen Espresso nachzugießen. Wie geht das? Schläft man hier nicht? Und sie finden diesen etwas gesteigerten Kaffeekonsum auch noch lustig. Also, mir ist nicht mehr zum Lachen zumute. Mein ganzer Körper ist schon im Rodeo-Modus und ich fühl mich wie nach der Achterbahnfahrt. Wenn ich's nicht besser wüsst' (weil ans Träumeland nicht zu denken ist), würd' ich sagen, ich muss mich jetzt hinlegen.

*Ihr und euer Kaffee, ihr seid mir nicht wurscht!*

## DAS HALT JA KEIN (NORMALER) MENSCH AUS!

# DAS BUNTE LEBEN

FRISCHE FRÜCHTCHEN SIND DAS MARKENZEICHEN DIESER REGION, DIE AUF SO WENIG VOKALE WIE MÖGLICH SETZT: DIE BRDA. DAFÜR GIBT ES DORT KIRSCHEN, DIE REBOLLA TRAUBE, PFIRSICHE, MARILLEN UND ALLES WAS DAZUGEHÖRT. FRUCHTBARKEIT! GENUSS! FREUNDLICHE MENSCHEN! SONNE!

Eine Fahrt durch die Brda ist zu jeder Jahreszeit ein Erlebnis. Ein bisschen schaut es hier aus wie in der Toskana. Man könnte auch sagen, diese Region ist der slowenische Zwilling des Collio in Italien. Und früher, als es hier noch «Österreichisches Küstenland» hieß, war sowieso alles noch eins. Doch dann kam die große Trennung. Auf einmal war da Italien und dort Slowenien. Der größte Unterschied, den man bis heute deutlich hören kann, ist selbstverständlich die Sprache, doch das geschulte Auge kann auch erkennen, auf welcher Seite der ehemalige «Ostblock» zuhause war und auf welcher nicht – denn in Slowenien wurde weiterhin ganz viel Obstbau betrieben, während im Collio alle Reben in Richtung Wein führten. Somit ist das Landschaftsbild in der Brda viel abwechslungsreicher, bunter und voller frecher Früchtchen im Frühling, Sommer und Herbst. Marillen, Feigen, Kaki, Pfirsiche und Kastanien – immer findet man einen Grund, die Brda zu bereisen, die vor allem zur Kirschblüte eine Schönheit ist. Doch auch im Herbst, wenn der «Indian Summer» durchs Land zieht, und alles im Zeichen von «Ribolla & Castagne» steht, bekommt die Natur alle Schattierungen genauso hin, wie sie einen zum Staunen bringen.

### A REAL RURAL BEAUTY

Ein ungeschliffener Diamant und ein Geheimtipp – das ist sie wirklich, die schöne Brda. Wir stellen sie uns als junge Dame vom Land vor. Sie ist wunderschön und fährt zum ersten Mal in die Stadt. Sagen wir nach Wien. So wie einst das Obst aus dieser Region. Sie weiß, dass sie nun eine Zeit lang dort verbringen wird. Sie hat zwar schon von der neuesten Mode gehört, aber ihre Kleidung selbst ist schon ein wenig abgetragen und vielleicht auch eine Nummer zu groß. In diesem Zustand ist die Brda momentan, doch wir sind uns sicher, dass sie sich bald als eine wahnsinnig tolle Destination entpuppen wird. Einige Fixstarter sind bereits gestreut, motiviert und mit viel Wissen, was sie tun. Die anderen ziehen bald nach. Manchmal liest man die großartige Zukunft, die wir der Brda prophezeien, zwar nur zwischen den Zeilen. Aber wir sind zuversichtlich und schauen in die Landschaft, wo wir Maulbeerbäume entdecken, weiß blühende Akazien, welche die Straße säumen und die obligatorischen Zypressen auf dem Friedhof. Am besten schenkt man der Brda gleich einmal einen Tag und geht auf einem der vom Tourismusbüro zusammengestellten Wanderwege, die passend mit einer Blume und einer Kirsche in allen Farben des Regenbogens gestaltet sind, durch die wunderschöne Landschaft. Und beobachtet dabei zwar die «gelsi» (Maulbeerbäume), lässt sich aber nicht von den «Gelsen» (Stechmücken) erwischen, denn wo Obst und Weinreben sind, da fühlen sie sich besonders wohl. Wir sprechen aus Erfahrung!)

### BELICA

Vorbeischauen für Schlafen, hausgemachte Fleischprodukte und das obligatorische Gläschen Wein.

Medana 32
5212 Dobrovo Goriška Brda
*belica.net*

### HOTEL SAN MARTIN ŠMARTNO

Ein Boutique-Hotel, wie es im Bilderbuch steht. Vor allem die Aussicht ist zum in die Knie gehen.

Šmartno 11
5211 Kojsko
*sanmartin.si*

### FANA ESTATE

Auf in die moderne Brda! Alles neu, schön und reduziert. Außer der Wein. Der rockt!

Vipolže 19a
5212 Dobrovo v Brdih
*fanaestate.si*

### EDI SIMČIČ WINE ESTATE

Supermodernes Weingut und mit einem der schönsten Appartements weit und breit verbandelt, der «Villa Almavista».
*almavista.si*

Vipolže 39a
5212 Dobrovo v Brdih
*edisimcic.si*

## AUF KEINEN FALL VERPASSEN

- ○ Ribolla Wein trinken
- ○ Salami + Prosciutto Teller direkt beim Hersteller selbst kosten
- ○ Durch die Weingärten wandern
- ○ Blühenden Fenchel riechen
- ○ Weiße Polenta kosten
- ○ Bewusst stehenbleiben und sich nicht an der Landschaft satt sehen können

# ECHT «KRAS», DER KARST

DAS GEBIET ZWISCHEN TRIEST UND DEM KRAINER SCHNEEBERG IM SLOWENISCHEN LANDESINNEREN NENNT MAN KARST. DIE «LOCALS» SAGEN «KRAS» DAZU. UND WIR FINDEN DAS ALLES GANZ SCHÖN KRASS. WARUM? DARUM!

### N°1 Krasser Karst

Hier ist die Erde rot und sehr fruchtbar.

### N°2 Krasser Karst

Die Bora (S. 292) weht an 80 Tagen im Jahr. Damit die Dachrinnen nicht davonfliegen, sind sie sogar gemauert.

## N°3
## Krasser Karst

Hier war mal alles dicht bewaldet. Aber dann haben sich die Römer eingebildet, dass sie Schiffe bauen wollen. Später waren es die Venezianer, die der Landschaft den Rest an Bäumen aus dem Boden zogen – dafür gibt es jetzt Venedig. Und das wurde auf Karster Holz aufgestellt.

## N°4
## Krasser Karst

Richtig schmeckt man den Karst erst, wenn man seinen Wein kostet: Teran und Picolit sollte unbedingt auf die To-Drink-List.

## N°5
## Krasser Karst

Ausgezeichneten Pršut gibt es hier. Aber Achtung: Der wird etwas dicker geschnitten als bei den italienischen Nachbarn.

## N°6
## Krasser Karst

Es gibt nur eine einzige Quelle im ganzen Karst. Diese befindet sich im Dörfchen Stanjel.

# Tipičen! Tipičen!

**WAS IN WEST-SLOWENIEN AUF DIE TO-TASTE-LISTE MUSS, DAS FINDET IHR HIER.**

### KRAINER (KRANJSKA KLOBASA)

Hier dreht sich wieder einmal alles um die Frage: «Wer hat's erfunden?» Die Slowenen sagen, das Krainer-Würstl geht auf sie zurück und haben sich den Namen daher auch eintragen lassen. Wer das Krainer nicht kennt, der hat Nachholbedarf oder war noch nie beim Würstlstand?

### KÄSE

Käse heißt auf Slowenisch «sir». Und es gibt drei relativ bekannte «Sirs», die man kennenlernen sollte. Sie heißen «Tolminc», «Nanoški sir» und «Bovški sir». Es handelt sich dabei um Hartkäse-Sorten, wobei letzterer aus Schafsmilch hergestellt wird. Die Namen verraten jeweils, aus welcher Region der Käse genau stammt, also aus Tolmin, von der Nanos-Hochebene (Nähe Italien) und aus Bovec.

### POTICA

Was im deutschsprachigen Raum die Potize ist, hat auch in Slowenien schon lange Tradition. Der mit Nuss oder Mohn gefüllte Germteigstrudel wird gern bei Festen gegessen, oder einfach so, um die Familie zu verwöhnen.

### JOTA

Ein Slowenien-Besuch ohne Jota ist wie Wien ohne das Schnitzel. In diesem traditionellen Eintopf finden für gewöhnlich Bohnen, Kartoffeln und Sauerkraut Platz. Fürs Deftige kommt dann noch Speck oder Selchfleisch dazu. Das gibt Kraft!

## KARSTSCHINKEN (KRAŠKI PRŠUT)

Auch im Karst weht ein frisches Lüfterl, das die Schinkenproduktion besser macht. Die Bora saust dem mit Salz eingeriebenen Schweinehaxen um die Ohren – das zu erwartende Ergebnis lässt dem Pršut-Fan das Wasser im Mund zusammenlaufen. Wo sich die Geister scheiden: Lieber handgeschnitten oder hauchdünn von der Maschine?

## ŠTRUKLJI

Wie stellt man sich das am besten vor? Strudelteig, der nicht gebacken, sondern gegart beziehungsweise gekocht wurde und gern mit Topfen gefüllt wird. Die beliebten Teigrollen können süß oder pikant sein und den Füllungen sind keine Grenzen gesetzt: Die einen nehmen Äpfel, die anderen Hüttenkäse.

## MALVASIA (MALVAZIJA)

Der Weißwein. Der Klassiker. Die Rebe antiken griechischen Ursprungs fühlt sich auch in Slowenien richtig wohl. Warum sie so beliebt ist? Weil dieser Wein so aromatisch und fruchtig daherkommt und perfekt zu Fleisch und Fisch passt.

## TERAN (TERRANO)

Roter Wein von roter Erde – diese Karstmischung verheißt ja schon mal Gutes. Der Teran gehört zur Familie des Refosco und zu einer anständigen Karst-Jause dazu. Er soll besonders viel von den sogenannten Anthocyane–Stoffen enthalten, welche sich wiederum positiv auf die Gesundheit auswirken sollen. Die Weinstraße zum Teran verläuft in Italien: von Sistiana nach Opicina. Entlang dieser Route gibt es dann auch einige Osmize fürs Jausnen und Verkosten – man kann ja einfach ein bisschen zwischen Italien und Slowenien hin- und herhüpfen. Der Karst kennt da keine Grenzen.

### SCHON GEWUSST?

*Wer jausnen möchte, der geht in die Osmica. Osmica heißt acht und steht für die acht steuerfreien Tage, zu denen die Winzer anno dazumal ausschenken durften.*

# UNTER DER OBERFLÄCHE

BEI SLOWENIEN IST ES OFT SO – AUF DEN ERSTEN BLICK ENTFALTET SICH
SELTEN EIN VOLLSTÄNDIGES BILD. ERST WENN MAN EIN BISSCHEN LÄNGER
HINSIEHT, ENTDECKT MAN DIE WAHREN JUWELEN. IM FALL VON SLOWENIEN
GEHÖREN DA AUF JEDEN FALL GROTTEN UND HÖHLEN DAZU.

Jeder Karstbewohner träumt angeblich von seiner eigenen Grotte. Im Idealfall soll diese möglichst nah an seinem Haus stehen. Und was für einen Zweck erfüllt(e) sie? Naja, früher wurden sie als Speisekammer genutzt, oder eben als Weinkeller beziehungsweise Gefrierschrank. Und so lange ist es auch noch nicht her, dass die Grotten dafür benützt wurden, im Winter Eis einzulagern, um es dann im Sommer zu verkaufen.

### SLOWENIEN UPSIDE DOWN

Die Höhlen im Karst gehören zum Land wie das Salz zum Meer – so sagt man. Und um ein Feeling für die Höhlen zu bekommen, empfehlen wir gleich mal die «Big Mamma» mit dem klingenden Namen Škocjan. Ein Höhlensystem, das auch von der UNESCO zum Weltkulturerbe erklärt wurde. Ein 146 Meter tiefer, unterirdischer Canyon und gleich 26 Wasserfälle machen diese Landschaft zu einem mystischen Ort, bei dem man das Gefühl hat, ihm noch einige Geheimnisse entlocken zu können.

Škocjan 2
6215 Divača
*park-skocjanske-jame.si*

# SCHÖN. STEIL. ŠTANJEL.

Ein *BILDERBUCHDÖRFCHEN* hat im Nu unsere Herzen erobert und seitdem brennen wir für den Karst. Jeder, der einmal durch den wie ein Schneckenhaus sortierten Ort spaziert ist, kann dies wahrscheinlich nachvollziehen. Also: Husch, husch – auf nach Štanjel. Herumlaufende Schweine. Boragepeitschte Trostlosigkeit. Dürre Hunde. Ausgestorbene Dörfer. Die Liste an Vorurteilen über die *KARSTREGION* ist lang. Doch wir können gleich mal damit aufräumen beziehungsweise raten wir euch, nach Štanjel zu fahren, denn «this is where the Karst-Magic happens».

#### EIN MENSCH MIT QUELLE

Wasser ist im Karst etwas ganz Seltenes. Darum sind die Familie Fabiani und ihr wohl berühmtestes Mitglied Max etwas ganz Besonderes. Denn ihnen gehörte eine gewisse Zeit lang die einzige Quelle. Und was haben sie gemacht? Max – der Architekt und spätere Bürgermeister des Ortes – baute ein Zisternen- und Speichersystem, mit dem in Štanjel Wasser gesammelt werden konnte. Außerdem produzierten sie den Wein Picolit. Und dann gab es noch eine Episode, über die wir gelesen haben. Diese trug sich im Zweiten Weltkrieg zu, als die Stadt davor verschont wurde, von den deutschen Truppen niedergebrannt zu werden. Und warum? Weil der damalige Bürgermeister – besagter Max – den Offizieren steckte, dass sie ihrem Führer doch einmal sagen sollten, dass er ihn persönlich kenne und er doch bitte das Dorf verschonen solle. Gesagt getan. Hitler fiel dann ein, dass er 1912 in Fabianis Architekturbüro in Wien ein dreimonatiges Praktikum bei Fabiani gemacht hatte. Die Stadt blieb dieser Anekdote nach stehen und ist vielleicht nicht zuletzt deswegen so ein Karstjuwel. Fabiani setzte sich sowieso für vieles ein. Auch dafür, dass die Karstbahn, die eigentlich zehn Kilometer weiter nordwestlich verlaufen sollte, direkt in Štanjel stoppte.

**EIN SPAZIERGANG**

Štanjel ist so klein, dass man keine Straßenkarte braucht, man kann sich immer am Kirchturm orientieren. Der Kirchturm erinnerte uns sofort an den Dan-Aykroyd-Film «Coneheads» und ist praktisch von überall zu sehen. Man erkennt viele kleine, liebe Details und kann sich immer zwischen eben diesen und dem wunderschönen Ausblick über den Karst entscheiden. Zu guter Letzt empfehlen wir, im Café «Grad Štanjel» (Štanjel 1a, *gradstanjel.si*) einzukehren und dort einen Teller mit Prosciutto und Käse zu probieren. Oder eines der köstlichen Gerichte auf der Karte. Besonders bezaubernd ist der Innenhof mit den hochgewachsenen Kastanienbäumen, in dem auch regelmäßig Feste und Hochzeiten stattfinden.

*Hier kann man übrigens auch heiraten!*

# ŠTANJEL

Die Kamera ruht in Štanjel eigentlich nie. Besonders cool ist der Blick auf die Stadt von der großen Wiese bei der Tankstelle. Aber auch wenn man im kunstverliebten Dorf herumstrawanzt, kann nach Lust und Laune geklickt werden – die Fotos erfreuen einen daheim auf jeden Fall.

# Karst-Juwel

AUF DER SUCHE NACH EINEM ORT ZUM FRÜHSTÜCKEN SIND
WIR AUF DAS BIO-HOTEL ST. DANIEL GESTOSSEN UND HABEN UNS
DORT GLEICH NINA UND MIRAN ZUM INTERVIEW GESCHNAPPT.

### Was ist die Geschichte um diesem Hotel?

Das war hier einfach ein altes, leeres Bauernhaus und der Architekt hat gemeint, dass es kein Potenzial hätte. Miran aber hat dank der Kunst ein gutes Gespür und daher haben wir einfach damit angefangen, am Projekt «Hotel» zu arbeiten.

### Wie startet man so ein Riesenprojekt?

Wir haben ein Jahr lang Informationen für die Renovierung gesammelt, dann haben wir viele Messen besucht – für die Einrichtung und so. Das waren vier Jahre harte Arbeit.

### Und wieso Bio-Hotel?

Also, ich hatte ja bereits ein Gesundheitszentrum in Ljubljana. Wir wollen hier eigentlich ein ganzheitlicher Kraftplatz sein, wo man auf alle Teile des Körpers und auf den Geist gut Acht gibt. Daher bieten wir auch gute Bio-Lebensmittel an, denn das Essen ist für uns alle der Treibstoff. Ganz nach dem Motto: «Es ist besser, eine g'scheite Tomate zu essen als zehn Tomaten, die voller Giftstoffe sind.» Wir verwenden keinen weißen Zucker und kein Weizenmehl. Wir achten auch auf gute Wasser-Qualität, weil dieses dem Körper beim Reinigen hilft.

### Wie kann man sich so einen ganzheitlichen Ort noch besser vorstellen?

Naja, unsere Generation ist ja irgendwie ausgebrannt. Das liegt auch ein bisschen daran, dass wir immer alles erledigen und dann erst Pause machen. Wir möchten hier im St. Daniel niemandem etwas vorschreiben und sagen, was gut oder schlecht ist. Viel mehr wollen wir unseren Gästen zeigen, dass man sich wieder aufladen kann. Und das musst du mit allen Teilen deines Körpers tun.

### Lebt ihr selbst auch sehr bewusst?

Ich bin eine Veganerin, die ab und zu sündigt. Da bin ich wie meine Mutter: Sie isst seit 15 Jahren hauptsächlich Rohkost. An den Ausreißer-Tagen gönnt sie sich dann unglaublich viel Eiscreme. Aber diese Regeln sind nicht so wichtig. Es geht darum, wirklich auf sich selbst zu hören.

### Ihr seid da also nicht so streng?

In meiner Arbeit als Ernährungsberaterin bin ich zur Überzeugung gelangt, dass momentan der Rassismus am Tisch regiert. Es ist immer alles mit einer Bewertung behaftet: Du isst Fleisch! Du isst kein Fleisch! Unsere Tochter zum Beispiel liebt Fleisch. Als ich schwanger war, hatte ich dann auch das Verlangen danach.

## Wie würdet ihr den Karst beschreiben? Ihr lebt ja mittlerweile hier…

Er ist schüchtern, bescheiden und zurückhaltend. Er ist uninteressant für die Industrie und es kann hier keinen Massentourismus geben. Der Karst passt auf sich selbst auf und ist unglaublich kraftvoll. Der Karst packt dich, das ist die Magie dieser Landschaft. Viele, die hierhergekommen sind, wollen auch bleiben.

## Und der Ort Štanjel?

In Štanjel leben ungefähr 340 Leute und 32 davon sind Kinder. Wir sind also unglaublich fruchtbar. Im Winter sind wir halt einfach viel im Bett. *(lacht)*
Nein, wir haben ja vorher in der Stadt gelebt und lieben es, jetzt hier zu sein. Die Leute am Land haben so eine wunderschöne, natürliche Intelligenz.

**TIPPS**

Kommt im Frühling oder zum Indian Summer im Herbst!

—

Fragt uns hier vor Ort nach unseren Bio-Partnern!

—

Wenn du ein Souvenir mitnehmen willst, dann nimm einen Stein vom Karst mit. Die Kraft vom Karst ist in den Steinen!

—

Die Webseite *vipavskadolina.si* (auf Englisch) für Weintipps.

—

**IN DER FERNE**
Schaut euch Albanien an! Jetzt ist die Zeit, um dorthin zu reisen, jetzt gibt es dort noch unberührte Natur.

**HOTEL
ST. DANIEL**

Hruševica 1b
6222 Štanjel
00386 599 76 929
*stdaniel.si*

> Nature limits the craziness in my head!

NINA ABRAMIČ

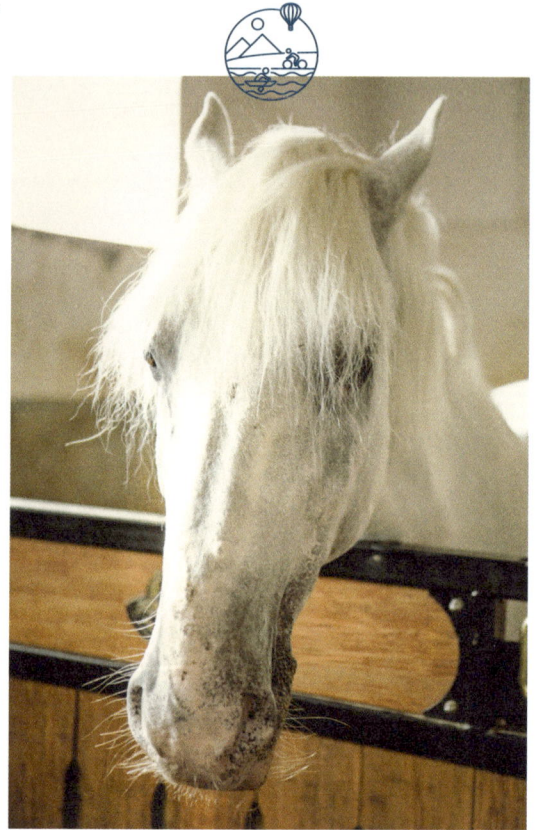

# WEISSE PFERDE

LIPIZZANER GIBT ES NICHT NUR IN DER WIENER HOFREITSCHULE. AUCH IN SLOWENIEN WERDEN SIE GEZÜCHTET UND TRAINIERT. ODER VIELLEICHT: GERADE IN SLOWENIEN. DENN FRÜHER HABEN DIE LIPIZZANER MAL KARSTER GEHEISSEN. SCHON DIESER KLEINE FUN-FACT LÄSST DARAUF SCHLIESSEN, DASS SLOWENIEN IN DIESER DRESSUR-GESCHICHTE EIN GEWALTIGES WÖRTCHEN MITZUREDEN HAT.

Zu Zeiten der Habsburger wurde der Karst als das perfekte Gebiet für die aus Spanien importierten Pferde auserkoren. Daher zählt das um 1580 entstandene Gestüt in Lipica auch als das Ursprungsgestüt der Rasse der «Spanischen Karster». Später erst (mit Ausbruch des Ersten Weltkriegs) kamen die Pferde ins Bundesgestüt Piber in der Steiermark und die Zucht in Lipica musste sich erst langsam wieder von dieser Veränderung erholen. Heute zählt das Gestüt zu den beliebtesten Ausflugszielen Sloweniens und es werden regelmäßige Führungen in allerhand Sprachen angeboten.

### DEN LIPIZZANERN IN DEN STALL GESCHAUT

Bei einer geführten Tour erfährt man so einiges. Die Pferde sind nicht von Geburt an weiß, sondern als Fohlen noch schwarz. Außerdem bleiben manche Pferde ihr ganzes Leben lang andersfarbig. Man bekommt die Namen der Tiere erklärt und darf natürlich Fragen stellen. Manche Pferde können sogar gestreichelt werden und wer möchte, der krönt den Besuch noch mit einer Vorführung der klassischen Reitschule oder mit einem Spaziergang entlang der Weiden.

### KOBILARNA LIPICA

Lipica 5
6210 Sežana
00386 573 916 96
*lipica.org*

### TIPP

Gleich in der Nähe vom Gestüt befindet sich ein Golfplatz!
*golfclublipica.si*

# FREUNDESBUCHEINTRAG
## *Slowenischer Wirbelwind*

VIER BUCHSTABEN, GANZ VIEL KRAFT. DIE BORA IST IN WESTSLOWENIEN JEDEM EIN BEGRIFF, DENN SIE PFEIFT ALLEN WAS. FRÜHER WILDER ALS JETZT. ABER TROTZDEM GIBT ES HIER EINIGES AN ERKLÄRUNGSBEDARF. WIR HABEN SIE GEFRAGT, OB SIE UNS INS STAMMBUCH SCHREIBT. DIE BORA.

**NAME** Bora (Nicht zu verwechseln mit Bora Bora)

**SPITZNAME** «Burja» in Slowenien, «Borino» sagen die in Triest

**ADRESSE** Hochdruckgebiete in Zentraleuropa, während sich über dem ionischen Meer ein Tiefdruckgebiet bildet. Naja – man kann sagen, ich bin eine richtige Europäerin.

**GESCHWINDIGKEIT** Ich kann bis zu 171 km/h erreichen.

**FARBE** Durchsichtig

**GEBURTSTAG** Ich bin so alt wie die Zeit

**STÄRKSTE TAGE** 1954 waren es 171 km/h; 165 km/h im Jahr 1896

**WIE OFT GIBT'S DICH IM JAHR?** 80 Mal

**BESONDERE KENNZEICHEN** Böiger Fallwind, wie er im Buche steht.

**LIEBLINGSORTE** Karst, Triest

**TRAUMBERUF** Orkan

**LIEBLINGSFILM** Der Sturm

**ICH BIN FAN VON** Wenn Menschen vor mir Angst haben

**HOBBYS** Segelboote umschupfen, Ziegel abdecken, über Baumkronen hinwegfegen

**DAS MAG ICH GAR NICHT** Klimaveränderung

**SO MACHT MAN MIR FREUDE** Indem man ein Auto nach mir benennt, danke VW!

**UNTERSCHRIFT** Burja

# Kulinarischer Karst

**«DOBER TEK» – GUTEN APPETIT! DEN SOLLTE MAN AUF JEDEN FALL MITBRINGEN, WENN MAN DURCH DEN KARST REIST, DENN ESSEN KANN MAN BIS ZUM UMFALLEN. ODER BIS MAN ZUM MEER HINUNTER KUGELT. DIE ZAUBERWORTE SIND OSMIZE, GOSTILNA UND NATÜRLICH VINO.**

Slow Food ist hier nicht Programm, sondern oft selbstverständlich. Denn meistens wird darauf geschaut, dass die servierten Speisen aus Zutaten zusammengesetzt werden, die direkt aus der Region kommen. Zwischen Medeazza und Triest gibt es etwa 200 Buschenschenken (also known as «Osmize»), aus denen man wählen kann. Wie kam's, dass diese eine Sonderstellung haben?

Easy – Kaiser Joseph II, der Sohn von Maria Theresia, hat den Bauern erlaubt, an acht Tagen im Jahr ihre Produkte zu verkaufen. Daraus hat sich eine eigene Kultur entwickelt. Von Meerblick über Biertische bis zu alten Karsthäusern kann man schlemmen, sich den Wein literweise einflößen und das Leben schön finden. Wer wie wann gerade offen hat, erfährt man auf *osmize.com*

**FOOD-ROAD-TRIP-TIPPS**

Warum nicht die **TERRAN-WEINSTRASSE** von Visogliano nach Opicina entlanggondeln?

Als Alternative bietet sich auch die **SLOWENISCHE KARSTSTRASSE** an, die von Opicina nach Dutovlje und weiter nach Kobjeglava und Komen führt.

Oder doch lieber die italienische Variante, die da **STRADA CARSIANA** heißt? Diese erreicht man von der Costiera aus und sie schlängelt sich durch Orte wie Slivia, San Pelagio, Prepotto, Samatorza, Sales, Sgonico und Rupinpiccolo.

### LUKULLUS LÄSST GRÜSSEN

Unser Geheimtipp heißt «Gostilna Mahorčič» und versteckt sich mehr oder weniger gelungen im Mini-Ort Rodik (Hausnummer: 51, *gostilnamahorcic. wordpress.com*). Angeblich gehört dieser Laden zu den fünf besten in Slowenien. Und ehrlich gesagt – wir glauben das jetzt einmal, nachdem wir uns durch das mehrgängige Menü gegessen haben. Pasta, Ente, Pastete, alles wunderbar angerichtet, exzellent begleitet vom Hauswein und mit super liebem Service umsorgt. Das Lokal selbst hat keinen Schnickschnack und ist für die Verhältnisse schlicht. Aber dafür kommt das Essen besser zur Geltung. *Mhmmmm…!*

LISJAK OLIVENÖL

# Läuft wie geschmiert

**BEI LISJAK KANN MAN SICH NICHT AUFREGEN – DAS OLIVENÖL IST BELIEBT, DIE NACHFRAGE STIMMT. DAHER GIBT ES JETZT AUCH EINEN DEGUSTATIONSRAUM UND VIELE, VIELE PLÄNE FÜR DIE ZUKUNFT.**

In zehn Minuten ist man von hier aus in Kroatien. Das Istrien-Feeling ist somit auch in den Köpfen der Lisjaks schon stark verhaftet: Sie sehen Istrien mit all den Olivenölproduzenten, dem Wein, dem Käse und mehr als echte Genussregion. Mit mehreren tausend Olivenbäumen steuern sie das Ihre zum Genießen bei.

### IDEENREICH

Kommt man zu den Lisjaks zu Besuch, dann läuft das schon sehr professionell ab. Man kann Olivenöl verkosten (auch solche mit Chili, Zitrone oder Knoblauch), aber auch andere Produkte aus der Gegend kennenlernen. Außerdem kann man sich mit ganz neuen Öl-Variationen anfreunden. Die Lisjaks mischen nämlich ganz frech Kürbiskern- mit Olivenöl und taufen das dann zum Beispiel «One Love». Wie schon erwähnt, dieses Olivenöl ist schon sehr bekannt – hier haben wir also keinen Geheimtipp für euch. Das Öl könnte euch ja aber trotzdem schmecken, vor allem wegen der vielen Varianten und den guten Ideen, die sich dahinter verbergen. Und dann gibt es ganz bequem über den Online-Shop Nachschub.

### TIPPS VON MATEJ LISJAK FÜR DIE UMGEBUNG

Das Restaurant und Café «Capra» in Koper
*capra.si*

—

Das chinesische Restaurant «Chang» in Koper (*Ja, wirklich! Für dieses Restaurant kommen viele von weit her*).
*chang.si*

—

Das Café «Loggia» in Koper

—

Das mehrgängige Menü im Hotel Marina in Izola
*hotelmarina.si*

—

Die «Hiša Torkla» in Izola
*hisa-torkla.si*

—

Die «Snack Bar» in Portorož
*snackbar.si*

—

Das Restaurant «Neptun» in Piran

### LISJAK

Šalara 28b
6000 Koper
*lisjak.com*

# ANS MEER FAHREN

**DAS WOLLEN WIR DOCH ALLE. AUCH SLOWENIEN HAT ADRIA-FEELING ANZUBIETEN, DIE KANDIDATEN HEISSEN PIRAN, IZOLA, KOPER UND PORTOROŽ.**

Wir haben uns fürs herrliche Piran entschieden. Einfach so. Und es erlebt: Einen Tag am Meer…. in Slowenien.

Piran ist allein deshalb schon klass', weil keine Autos reinfahren dürfen. Man stellt den fahrbaren Untersatz in einem Parkhaus vor dem Ort ab und kann dann zu Fuß weitermachen – oder sich in den Bus setzen. An so einem Piran-Tag immer mit von der Partie ist dann der zentrale Tartini-Platz, der dem Komponisten gewidmet ist und wo man mal ganz gut anfangen kann mit dem Schauen.

Eingetaucht in die engen Gassen Pirans kommt das Adria-Feeling unweigerlich und ganz von selbst auf. Man spaziert auf die Domkirche St. Georg, freut sich über die Aussicht, legt sich auf die Steine am Meer, schwimmt, sitzt in der Sonne und krönt den Tag mit einem Abendessen im «Fritolin pri Cantini» (Prvomajski trg 10) und deren «Calamari fritti», weil's einfach dazugehört. «Man» sind in diesem Fall Vera und Katharina. Und «man» kann das echt weiterempfehlen!

**DAS SALZ**

Wenn Salinen sich in einem Naturpark befinden, dann ist man wahrscheinlich in der Bucht von Piran. Der Name der Salinen ist «Sečovlje» und besuchen kann man diese auch. Es gibt Spazierwege, ein Besucherzentrum und eine Aussichtsplattform. Vor Ort erfährt man viel Wissenswertes über die jahrhundertelange und gut bewahrte Tradition der Salzgewinnung an der Mündung des Flusses Dragonja.

Auch nicht außer Acht zu lassen: Am Gelände befindet sich noch dazu das sogenannte «Thalasso Spa Lepa Vida». Dort kann man inmitten von Salzfeldern nach traditioneller Thalasso-Art therapiert werden und das Meer durch die Anwendung von Salzschlamm und Salzlake zu 100 Prozent auf sich wirken lassen. Die Salzprodukte für daheim erhält man im Shop am Gelände, in Piran, in Koper, Portorož und auch Bled (und an vielen anderen Verkaufsstellen). Die Produktpalette reicht von Meersalz für die Küche bis hin zu dunkler Schokolade mit Fleur de Sel und Badeprodukten für die gute Haut.

**SOLINE**

Seča 115
6320 Portorož
00386 567 21 343
*soline.si*

# GESCHICHTLICHES

EIN BISSCHEN WISSEN ÜBER DAS WAS WAR SCHADET NIE. DRUM HIER EIN PAAR WENIGE INFOS. ALLEIN DIE SPRACHEN UND DIALEKTE IN DIESER REGION SPRECHEN BÄNDE – INNERHALB VON 50 KILOMETERN FINDET DER AFFINE REISENDE SECHS SPRACHEN. GRADISCH (ALTVENETISCHER DIALEKT), BISIAKISCH (VENETIANISCHE VARIANTE), FRIAULISCH, BISLAKISCH, TRIESTINISCH, ITALIENISCH UND SLOWENISCH. DA MUSS DOCH EINIGES VORGEFALLEN SEIN, ODER?

Auf jeden Fall waren die Slowenen lange Zeit nicht selbstbestimmt. Das ist erst seit 1990 so. Mittlerweile haben sie auch noch das Zusatzpaket EU und NATO dazugebucht – nämlich seit 2004. Davor war Slowenien Teil der Sozialistischen Föderativen Republik Jugoslawien und zwar seit dem 2. Weltkrieg. Und davor? Da gab es das Vereinte Königreich der Serben, Kroaten und Slowenen.

## HABEMUS HABSBURGER

Die waren wohl fast überall in Mitteleuropa, eben auch in Slowenien und das bereits seit dem 13. Jahrhundert, denn 1282 wurde das Herzogtum Krain Teil des Habsburgerreiches. Die Oberschicht war größtenteils deutschstämmig, die Bauern hatten slowenisch-slawischen Hintergrund. Dann gab es ein kurzes Intermezzo mit Napoleon, das aber nach dem Wiener Kongress jäh beendet wurde, denn ab 1815 wurde Slowenien wieder von den Habsburgern einverleibt. Davor machten es sich ab 1200 vor Christus die Illyrer, ab dem 2. Jahrhundert vor Christus die Römer und ab dem 6. Jahrhundert nach Christus die Slawen, bequem.

*So war das.
Mit Slowenien.
In a nutshell.*

KLEINE UND GROSSE ENTDECKUNGEN IN ŠTANJEL.

# Lesetipps

## Südtirol
**DIETRICH HÖLLHUBER**
*Michael Müller Verlag*

## Josef Meran
**MEHRERE AUTOREN**
*franzLAB*

## Josef Bozen
**MEHRERE AUTOREN**
*franzLAB*

## Die großen Vier
**AGATHA CHRISTIE**
*Atlantik*

## Slovenology
**NOAH CHARNEY**
*Beletrina*

## Die Toten vom Karst
**VEIT HEINICHEN**
*dtv*

## GEO Special Südtirol
**MEHRERE AUTOREN**
*Gruner + Jahr*

## Friaul-Julisch Venetien. 52 Touren
**HELMUT LANG**
*Rother Wanderführer*

## Nächstes Jahr im Küstenland
**CHRISTINE CASAPICOLA**
*Edizioni Braitan*

## Merian Südtirol
**MEHRERE AUTOREN**
*Jahreszeiten Verlag*

## Am Berghof: Lebensgeschichten unserer Vorfahren
**HANS RIEDER**
*Creart Graphic Line*

**EAT GREET LIVE**
Das Reisebuch über Südtirol, Friaul und Westslowenien
1. Auflage Juni 2018

**DRUCK**
Zimmermann-Druck KG
Gartengasse 21, 8200 Gleisdorf

**ILLUSTRATIONEN**
Thomas Kohl, Florian Mondl und
Katharina Maria Zimmermann

**AUTORINNEN**
Vera Bachernegg und
Katharina Maria Zimmermann

**FOTOS**
Katharina Maria Zimmermann

Melanie Kraxner (S. 21, 68
und Umschlag-Innenseite)

**HERAUSGEBER**
Eat Write Live OG
Wastiangasse 16, 8010 Graz

Stefan Leitner (S. 246, 252)

**GESTALTUNG**
HUNGRY
www.hungry.at

**AUTORINNENPORTRÄT**
Marion Luttenberger
www.marionluttenberger.com

Gedruckt & gebunden in Österreich 2018
Gedruckt auf Bio Top 3 Next 100 gr und Suomi 2s 300 gr von Berberich Papier
Veredelung Umschlag durch Firma Primason

ISBN: 978-3-9503585-2-0

Alle Rechte am Werk liegen bei den Autorinnen

*www.eatwritelive.com*

*Making new friends!*

SO SIEHT EIN SELBSTPORTRÄT IM VERRÜCKT-VERREGNETEN BLED AUS.

ROADTRIP!

MAKING-OF **311**

POST-
KARTEN-
MOTIV

FÜR HERBERT PIXNER SIND
WIR IM ZUG EXTRA NACH
INNSBRUCK GEFAHREN.

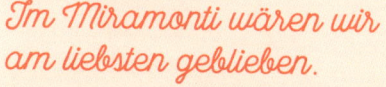

NOCH SCHNELL DAS SHIRT
RICHTEN – DANN DEN AUS-
BLICK IN ŠTANJEL GENIESSEN.

*Im Miramonti wären wir
am liebsten geblieben.*

*Grüß euch, ihr mächtigen Dolomiten!*

**RECHERCHE AUCH AM MITTAGSTISCH.**

*Pause vom Recherchieren: Das geht besonders gut in Brixen.*

MAKING-OF **313**

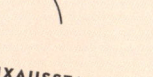

**FIXAUSSTATTUNG: SONNENBRILLEN!**

PANORAMA

*Recherchieren heißt auch Zeitung lesen!*

**HER MIT DEM FRÜH-STÜCK!**

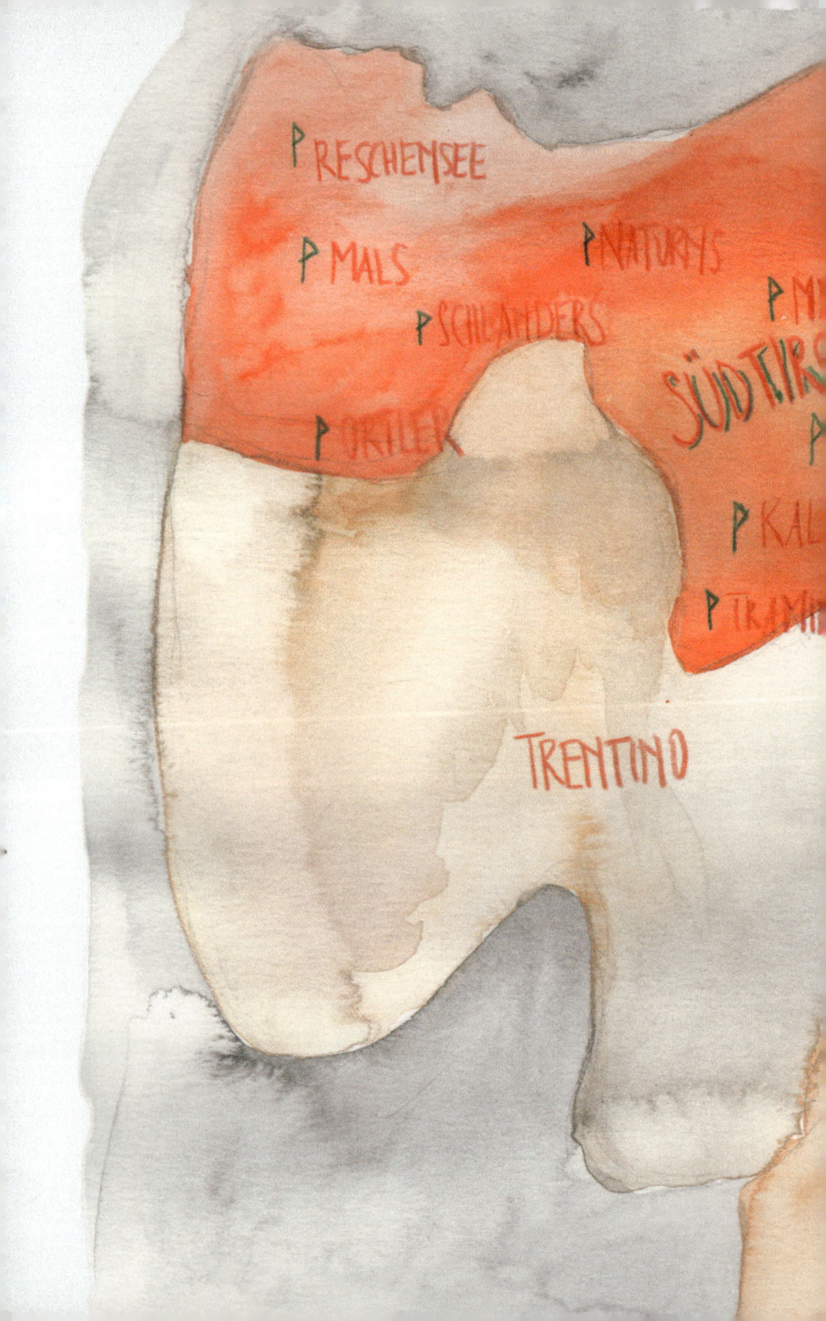

- P RESCHENSEE
- P MALS
- P SCHLANDERS
- P NATURNS
- P M...
- SÜDTIROL
- P ORTLER
- P KAL...
- P TRAMI...

TRENTINO

**EAT SURF LIVE**

In «Eat Surf Live» zeigt sich Cornwall von seiner Schokoladenseite. Nicht nur, dass sich die zwei Autorinnen durch das Food-Mekka essen, sie lernen – gemeinsam mit dem Leser – auch viele besondere Kornen kennen. Ein ungewöhliches Reisebuch, das gleichzeitig auch Foto- und Kochbuch ist. Es strotzt nur so vor Tipps für einen gelungenen Cornwall-Urlaub und vermittelt ein Gefühl für die Kultur und die Menschen dieses magischen Fleckchens Erde. – **276 SEITEN**

**EAT HIKE LIVE**

Neben Geheimtipps und persönlichen Erfahrungen malt «Eat Hike Live» ein authentisches Porträt eines Ortes, der von Anfang begeistert. Beim Wandern, Klettern und Radfahren lernt man die Steiermark auf eine Art kennen, wie nie zuvor. Das ungewöhnliche Reisebuch ist mit vielen Illustrationen, selbst gezeichneten Karten und Fotos ein Werk, das einen Dauerplatz am Nachtkästchen für sich reserviert hat. – **312 SEITEN**

**EAT BIKE LIVE**

Sylt! Nicht nur was für Reiche und Schöne! Auch etwas für Freunde des guten Essens, der gemütlichen Radlfahrt oder des ausgedehnten Strandspaziergangs. Es wird genau hingeschaut auf die besonderen Ecken und Menschen der Nordseeinsel. Diese Eindrücke werden nicht nur niedergeschrieben, sondern auch mit viel Fotomaterial, selbst gezeichneten Karten und vielen Details zum Entdecken verfeinert. – **240 SEITEN**

**GLEICH AUF WWW.EATWRITELIVE.COM ODER
IN DER BUCHHANDLUNG DEINER WAHL BESTELLEN!**

# KATHARINA MARIA ZIMMERMANN

Katharina ist die Meisterin der flotten Sprüche und schleppt für ihre geschmackvollen Bilder ohne Murren ihre kiloschwere Fotoausrüstung in der Gegend herum. Sie lebt als Journalistin und Texterin in Graz und reist – wann immer es Geldbörserl und Terminkalender zulassen – durch die große, weite Welt. Eine ehrgeizige Dame voller Ideen, Tatendrang und Wortwitz.

WWW.KOMMUNIKATZION.COM